KÜCHE, KUNST UND LEBENSFREUDE
IN DER

TOSKANA

KÜCHE, KUNST UND LEBENSFREUDE IN DER TOSKANA

Frances Mayes mit Edward Mayes
Fotos Bob Krist

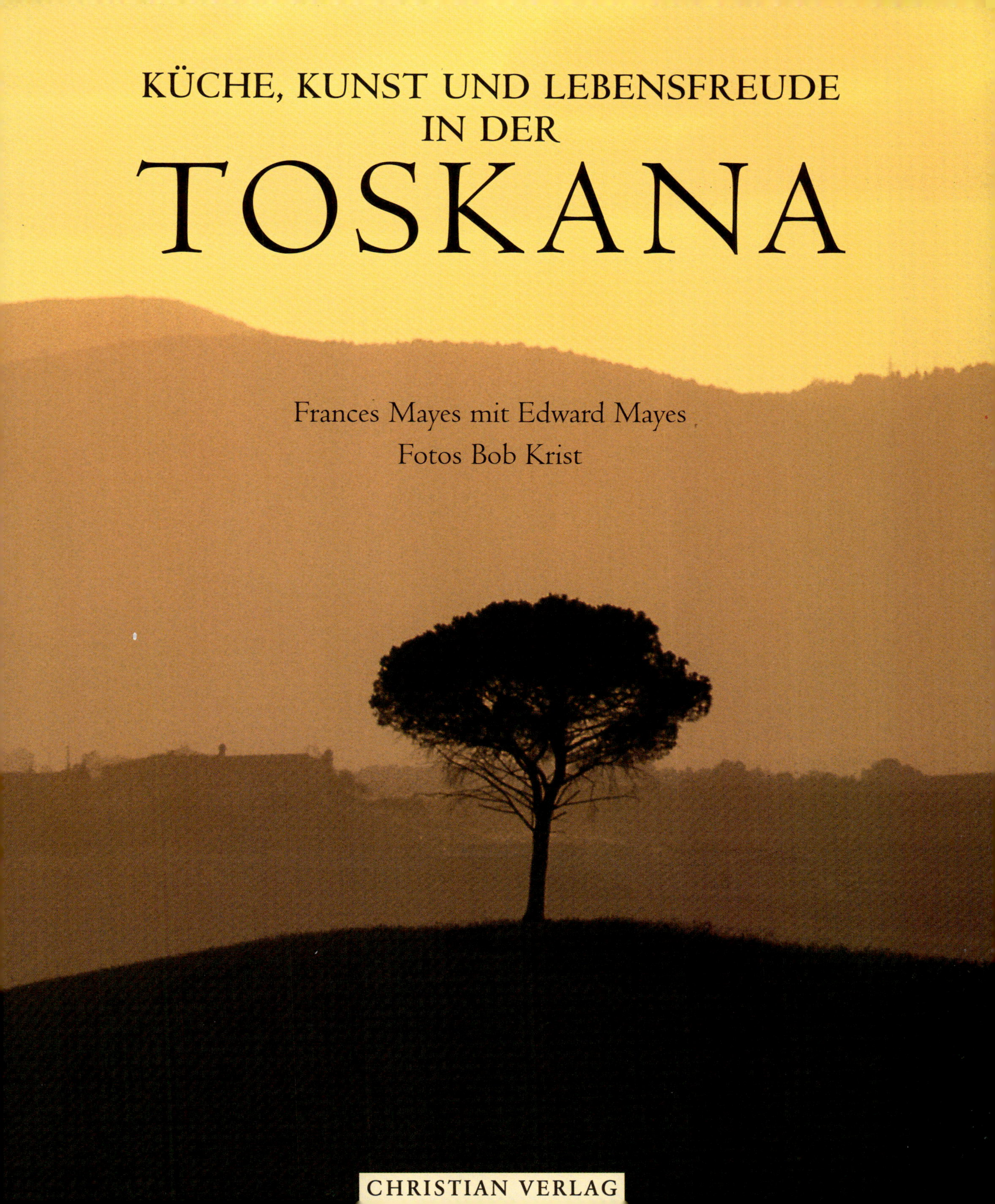

CHRISTIAN VERLAG

U.I

Legenden für die vorangegangenen Seiten:
Statue am Eingang zum Stadtpark von Cortona (S. 1);
bei Radi, südlich von Siena (S. 2–3);
Blick auf Cortona über dem Val di Chiana (S. 4–5);
Flagge einer Sieneser Contrada (S. 6–7);
mit Zypressen bestandene Allee bei Radi (S. 8–9);
der samstägliche Markt in Cortona (S. 10–11);
Eds spätherbstliche Olivenernte in einem handgemachten Körbchen (S. 12–13);
ein Teilnehmer am Fest des Stadtheiligen in Cortona (S. 14–15);
rustikales Abendessen in Buonconvento (S. 16–17)

Aus dem Englischen übersetzt von Walter Spiegl für
VerlagsService Dr. Helmut Neuberger & Karl Schaumann GmbH, Heimstetten
Lektorat, Herstellung und Satz:
VerlagsService Dr. Helmut Neuberger & Karl Schaumann GmbH, Heimstetten
Korrektur: Désiré Schoen
Umschlaggestaltung: Caroline Georgiadis

Die Originalausgabe mit dem Titel *In Tuscany* wurde erstmals 2000
vom Verlag Broadway Books, Verlagsgruppe Random House, Inc.,
New York, veröffentlicht.

Fotos auf den Seiten 23, 26, 28–29, 30 (oben links und unten rechts), 57, 60, 62, 64–65, 66,
67 (oben), 95, 117 (oben links und Mitte rechts),
169, 178-179, 191, 212–213 und 259 von Frances Mayes.
Design: Jennifer Barry Design, Sausalito, Kalifornien
Gemalte Hintergrundseiten: Muriel Schmalberg Ullmann

Druck und Bindung: RCS LIBRI SpA, Mailand
Printed in Italy

ISBN 3-88472-505-X

INHALT

Je mehr man weiß,
desto stärker wird die Liebe
und desto größer die Freude.

BACI

Küsse

Die Toskana ist eine Welt, Italien ein Universum. »Fünf Lebensspannen würden nicht ausreichen, um sie zu erforschen«, schrieb ich einmal. Heute würde ich diese Zahl verfünffachen. Nach zehn Sommeraufenthalten, sechs Winterurlauben, einem ganzjährigen Urlaub, mehreren Kurzbesuchen im Frühjahr und sechs Monaten in diesem Jahr wage ich zu behaupten, dass mich die Toskana nicht mehr überraschen kann – aber sie offenbart sich mir immer mehr. Bei jedem Besuch erschließen sich neue liebenswerte Eindrücke.

Erst kürzlich fielen mir die Lichtsäulen auf, mit denen die Sonne durch die Dezembernebel im Tal bricht – Säulen, auf denen man glaubt, den Verkündigungsengel herabsteigen zu sehen. Erst vergangene Woche entdeckte ich die staubige Landstraße nach Sogna und erlebte in diesem mittelalterlichen *Borgo* ein Abendessen am offenen Kamin. Hier begegnete ich auch der gefleckten Trüffelhündin, die ihrem Welpen das Aufspüren der begehrten Köstlichkeit beibrachte und schnüffelnd durch den Wald lief, in dessen weichen Lehmboden meine Stiefel einsanken. Weit hinten in den Bergen lebt ein Mann, der Weidenkörbe flicht. Im offenen Land schmiegen sich honigfarben getünchte Kirchlein in die Bodenfalten der Hügel. Gelegentlich zeigt die Hausmeisterin, die neben der Kirche wohnt, dem Besucher Reliquien von Märtyrern oder lädt ihn in ihre Hütte ein, wo Sträuße von Zwiebeln, Maiskolben und Pfefferschoten trocknen und die hundert Jahre alte Großmutter den Gast mit breitem, zahnlosem Lächeln und schmerzhaft-festem Händedruck begrüßt. In Florenz kann man an Marktständen *Trippa* probieren, wenn man aus dem Museo La Specola mit seinen anatomischen Wachsmodellen aus dem 18. Jahrhundert kommt oder aus dem Museo di Storia della Scienza, wo Galileis Fernrohr ausgestellt wird. Das Gefühl, immer wieder Neues zu entdecken, wird immer stärker, und selbst nach zehn Jahren des Reisens und Erforschens habe ich doch erst wenig gesehen.

Ich liebe Fra Angelico, der zeitweilig in Cortona wirkte und uns das berühmte, anmutig-sanfte Fresko *Verkündigung* im Kloster San Marco in Florenz hinterlassen hat. Auf seinem Fresko *Vermählung der Jungfrau* im Kloster Montecarlo in San Giovanni Valdarno ist das Erscheinen des Engels, von goldenen Trompeten angekündigt, in den lieblichsten und zartesten Farbtönen gehalten, die jemals auf den Putz einer Wand gemalt wurden. In kleinen Ortschaften finden zu Weihnachten

Auftakt zum Abendessen in Le Antiche Sere in Sogna (links); Bramasole (oben); Blick auf die Landschaft von La Foce aus, wo Iris Origo lebte, die diese Gegend in ihren Büchern beschrieben hat (nächste Doppelseite).

Mysterienspiele von der Geburt Christi statt, und viele andere, etwa Monticchiello, veranstalten im Sommer Freilichtaufführungen mit einheimischen Schauspielern. Wer Zeuge eines solchen Ereignisses wird, bekommt einen nachhaltigen Eindruck von der lebendigen Atmosphäre einer Gemeinde. Aus einem Hof in Pienza steigen bei Sommerkonzerten barocke Klänge zu den herrschaftlichen Gemächern empor, in denen einst ein Papst zu weilen pflegte. Während ich auf einem der unbequemen Klappstühle im Hof herumrutsche, stelle ich mir vor, wie er oben über einer illuminierten Handschrift sitzt. In Sant'Antimo nahe Montalcino beginnen bei Sonnenaufgang die Benediktinischen Gesänge mit dem Lobpreis Gottes. Wenn man in Poppi die Straße hinaufgeht, möchte man am liebsten an eine der Türen unter den Arkaden klopfen. Denn die alte Kunst des *Ferro bottuto* hat hier eine Fülle eindrucksvoller Türklopfer in Gestalt von Sphingen, Dämonen, Meerjungfrauen und Löwen hinterlassen. Von der alten Burg schweift der Blick hinab über die weite, bukolische Landschaft von Casentino, die zur Erkundung einlädt.

Vielen Einheimischen gilt das Val d'Orcia als die schönste Gegend der Toskana. Die Schriftstellerin Iris Origo hat dort den Zweiten Weltkrieg erlebt und darüber ein Buch geschrieben. Auf ihrem Grabstein liest man ein Zitat der hl. Katharina von Siena: *Chi piu conosce piu ama, piu amando piu gusta* – »Je mehr man weiß, desto stärker wird die Liebe und desto größer die Freude«. Eine tiefe Weisheit aus dem Mund einer Ausländerin, die viele Jahre hier lebte.

Jedes Mal, wenn ich hierher zurückkomme, überwältigt mich die Freude, sobald Ed, mein Mann, und ich aus dem Tal nach Cortona und zu meinem Haus hinauffahren. Wir passieren die mächtigen Mauern der Renaissancekirche unterhalb von Cortona, die Ruine eines ehemaligen Wachtturms und den geborstenen Turm eines *Palazzo,* bevor die Stadtmauern Cortonas zu unserer Rechten aus dem Boden wachsen. Ihre Fundamente stammen aus etruskischer Zeit. Die Mauern selbst wurden von den Römern, während des Mittelalters und in der Neuzeit immer weiter in die Höhe gezogen und ausgebessert. Durch die drei Stadttore erkennt man im Vorbeifahren flüchtige Bildausschnitte der Stadt.

Über einige letzte Kurven windet sich die Straße bis zu unserer Einfahrt. Eine endlose Reihe von Zypressen am linken Straßenrand zeigt ihren Verlauf. Der Andachtsschrein mit dem Madonnen-Votivbild heißt uns willkommen. Jemand hat eine rote Kerze darunter gestellt, eine künstliche blaue Päonie, eine Pfauenfeder, und ein Büschel gelben Sauerklees dazugelegt. Wenn ich auf Bramasole aus dem Auto steige, empfinde ich allein schon die frische, nach Pinien duftende Luft wie ein Geschenk Gottes. *Daheim,* ein instinktives Gefühl, eine Atmosphäre des Vertrauens und der Geborgenheit.

Als ich Bramasole vor zehn Jahren kaufte, blickte ich an der pfirsichfarben und rosa getünchten Fassade empor

Die Rosen von Bramasole gedeihen schon seit dreißig Jahren ohne besondere Pflege (oben); der Madonnenschrein in Bramasole (rechts); die Terrasse von Bramasole (nächste Doppelseite).

und hatte das Gefühl, vor etwas Exotischem und Fremdartigem zu stehen. Und dabei dachte ich: »Das ist mein Haus.« Aber der Fremdling hier war ich und nicht das Haus. Meine Erinnerungen an die ersten neun Jahre schrieb ich in zwei Büchern nieder: *Unter toskanischer Sonne* und *Bella Toscana*. Ein Fremder kommt in die Stadt – ein uraltes Thema und doch immer wieder neu. Meine beiden Bücher erzählen von der Restaurierung eines lange unbewohnten Hauses, dem Land ringsum und dem Vergnügen, neue Freunde zu gewinnen, zu arbeiten, zu essen und zu reisen.

Auch heute noch sehen wir Haus und Landschaft stets in drei Stadien vor uns: vor dem Kauf, während des Umbaus und danach. »Weißt du noch, was für ein Trümmerhaufen die große Mauer war?«, fragt Ed, und Tausende von Bildern schießen mir durch den Kopf wie Dias in einem rasend schnellen Projektor: Ich sehe, wie die polnischen Arbeiter einen mächtigen Baumstumpf ausgraben, das Brombeerdickicht, den Gasbrenner, auf dem die italienischen Maurer *Pasta* kochten. Dann den Rosengarten, den wir bei Schneetreiben angelegt haben. Unter der Sonne entfalten die Blüten ihre Pracht, dann schneidet unser Freund Lucio die Stöcke gnadenlos bis auf den Boden zurück. Wir seien zu zaghaft, meint er. »Warum hat es eigentlich drei Jahre gedauert, ehe wir das Esszimmer zum Nachbarraum hin erweitert haben?«, fragen wir uns. Schreiend und ihre Heiligen anflehend rannten die Arbeiter aus dem Haus, als die Wand mit Getöse einstürzte.

Im Innen- wie im Außenbereich sind uns die Restaurierungsarbeiten noch lebhaft in Erinnerung. Nach und nach entdeckten wir auf Flohmärkten alte Regale und Schränke, malten Bordüren und Einfassungen auf Wände und um Fensterlaibungen, und Stück für Stück, eine Entdeckung nach der anderen, brachten wir echte alte toskanische Möbel ins Haus. Und nachdem

Impressionen aus Bramasole (linke Seite im Uhrzeigersinn): Treppe von der Terrasse in den Rosengarten, Obstbaumleiter, Wasserbecken im Hof, Treppenaufgang mit alten Keramikkrügen; rechte Seite (im Uhrzeigersinn): die mit aufschablonierten goldenen Sternen verzierte Fensterlaibung im Gästezimmer, handbemalte sizilianische Fliesen über schabloniertem etruskischem Wellenmotiv im Badezimmer, Kerzen für ein romantisches Bad nach der Olivenernte, als Drachenkopf ausgebildeter Wasserhahn.

sie an ihrem Platz standen, kamen uns der Eckschrank, das schmiedeeiserne Bettgestell und der Waschtisch geradezu unverzichtbar vor.

Beim Schreiben meiner Erinnerungen interessierten mich am meisten die Vorgänge in uns selbst: Wie verändert dich die Umgebung? Wie formt sie die Menschen, die hier leben? Was geht wirklich in uns vor – in den Fremden wie in den Einheimischen, die den Duft von *Pasta* von Geburt an in der Nase haben? Ich wundere mich immer wieder darüber, dass ich mich hier zu Hause fühle, da ich doch eben erst angekommen bin. Wird der Reiz des Neuen nie vergehen?

Ich bin viel herumgekommen und halte die Toskaner für den offenherzigsten gastfreundlichsten Menschenschlag der Welt. Auf die Frage, warum das so sei, gibt mein Freund Roberto Gnozzi eine typisch italienische Antwort: »In uns steckt das Erbe der Etrusker und Langobarden«, erklärt er. »Schau dir im Gegensatz dazu die Sarden an. Das sind Punier. Die wollen dich auf ihrem Land nicht haben. Aber über meines kannst du gehen.« Ich akzeptiere diese historisch begründete Erklärung, obwohl mir die Charaktereigenschaften weder der alten Langobarden noch der Karthager bekannt sind.

»Ich freue mich, dich zu sehen«, sagt Edo zu Ed. Männer küssen sich. Kinder küssen sich. Jungen schlendern Arm in Arm über die Rugapiana. Auf der *Piazza*, der ältesten Bühne der Welt, küssen sich die Leute Tag und Nacht. An der Bushaltestelle geben sich Mädchen ein Küsschen. Beim Aufbruch nach dem Abendessen dauert das Abschiedsküssen gute zwanzig Minuten. Das Küssen und Geküsstwerden beginnt schon bei der Geburt. In der Kirche küssen die Gläubigen die Füße der Heiligenstatuen, bekreuzigen sich und werfen dem Gekreuzigten einen Kuss zu. Man küsst auch Ringe und Rosenkranzperlen. Der Kuss ist nicht nur Ausdruck spontaner Zuneigung, sondern auch der Dankbarkeit und des Segens. In dieser intimen Ausdrucksform bewahrt sich die Freude am Leben, mit der wir auf die Welt kommen. Briefe werden mit Küssen abgeschlossen: *baci, baci, baci.* »*Ciao*«, haucht Chiara ins Telefon, »*un grosso bacione*« – einen großen dicken Kuss.

Andererseits haben die Toskaner einen derben, bisweilen verletzenden Humor, geben sich fatalistisch, lassen niemanden an sich heran und empören sich über Nichtigkeiten. Die Verbundenheit mit dem Land wurzelt tief. Im Gespräch selbst mit dem weltgewandtesten Journalisten, Kameramann oder Modeschöpfer landen sie irgendwann bei Weinbau und Kochrezepten. Die Aura von Mutter Erde ist allgegenwärtig. Mir fällt immer wieder auf, wie leidenschaftlich der Italiener an seiner Heimat hängt. Auf dem Land ist diese Beziehung lebenswichtig. Der vielfache Austausch von Geschenken hat seine Wurzeln in der Verteilung von Gartenfrüchten. Nirgendwo auf der Welt ist die ökologische Landwirtschaft so verbreitet wie in Italien – kein Ergebnis von Greenpeace-Aktionen, sondern Ausdruck eines angeborenen Gespürs für natürliche Anbauweisen, wie sie schon zu Zeiten Vergils gepflegt wurden.

Wenn ich nicht dort sein kann, kommt mir die Toskana vor wie ein unerreichbares Märchenland, ein versunkenes Atlantis, ein Königreich in einem Traum. Ich finde es spannend, immer wieder neue Seiten an den

Toskanisches Bettgestell aus Schmiedeeisen und alte Bettwäsche in Bramasole (links); Frances' Schreibsekretär (oben); verschämtes Küsschen in Siena (nächste Seite).

toskanischen Menschen zu entdecken. Wohl am meisten fasziniert mich die Begeisterung, mit der sie Feste feiern. »Wir fahren noch eine Stunde über Rom hinaus, weil ich dich in dieses hervorragende Restaurant einladen möchte«, eröffnet mir Ricardo. Und ein anderer Ricardo kündigt an: »Wir werden unseren jungen Wein mitbringen. Das ist ein Grund zum Feiern.« Zur Taufe werden an die fünfzig Gäste geladen. Eine Hochzeit kostet ein kleines Vermögen. Zum 90. Geburtstag der *Nonna* schiebt man im Restaurant alle Tische zusammen. Zu Edos Geburtstag sind Jahr für Jahr rund achtzig Gäste zu Essen und Tanz geladen. Erst wenn zwei Männer die Geburtstagstorte hereinschleppen, lässt sich genau sagen, wie viele Gänge das Festmahl hatte, und während alle *»Tanti auguri a te ...«* singen, bringen die Kellner noch weitere Kuchen aus der Küche.

»Warum hat ein Essen in der Toskana so viele Gänge? Wozu zwei Nudelgerichte? Anderswo gibt es eine Sorte Fleisch und zu Weihnachten manchmal zwei«, fragte ich Giusi.

Sie schaute mich erst groß an, dann lächelte sie. »Unsere Gäste sollen sich wohl fühlen. Nur ein Fleischgericht würde bedeuten, dass du uns nicht willkommen bist.« Es gibt viel zu lernen, und ich bezweifle, ob ich in der Vergangenheit eine gute Gastgeberin war.

Eine Hochzeit vor dreihundert Jahren liefert in Cortona den Anlass für eine jährliche *Festa* mit Armbrust-Wettschießen. Für jedes Nahrungsmittel scheint es irgendwo in der Toskana ein eigenes Fest zu geben. Die Kochbuchautorin Marcella Hazan meint dazu: »Die italienische Esskultur ist nur eine weitere Manifestation der uralten Begabung dieses Volkes, das Leben als Kunstwerk zu gestalten.« Genau so ist es.

Die Toskana ist überreich bedacht mit irdischen Wundern. Andernorts trifft man auf Naturschönheiten, außergewöhnliche Zeugnisse von Geschichte und Kunst, köstliche leibliche Genüsse. Aber alles zusammen gibt es nur hier. Neben den populären Reisezielen wie Florenz, Siena, Pisa, Lucca, San Gimignano und dem Weinbaugebiet Chianti gibt es Hunderte von Orten zu entdecken mit ihren ganz eigenen Besonderheiten, wie Nudeln, Brot, Festen, Menschen und Bauwerken.

Unverhoffte Freuden finde ich in abgelegenen, mittelalterlichen Einsiedeleien, leer stehenden Häusern, in Burgen, Türmen, Bauernhöfen und in einem *Agritourismo* genannten Netzwerk von Landgasthöfen. Ich bin ganz verliebt in die romanischen Kirchen, die sich überall im Land verbergen. Die schlichte Bezeichnung *Pieve* – Pfarrei – in winziger Schrift auf der Landkarte führt oft zu einer Kirche aus dem 11. Jahrhundert. Wie ein Scherenschnitt steht die Burg über Cortona vor dem Himmel. Erbaut hat sie ein Engländer namens John Hawkwood, dessen Landsknechte, die White Company, in ganz Italien kämpften, mal auf der einen Seite, mal auf der anderen. Seinen Lebensbericht könnte man zu mehr als einem Monumentalfilm verarbeiten. Jenseits von Cortona erhebt sich unvermittelt eine weitere Burg aus den Hügeln, Rocca La Pierle, die mit ihrem verfallenen Bergfried und den bröckelnden Mauern lebhaft an Piranesis Kupferstiche der antiken Ruinen Roms erinnert. An nebligen Tagen scheint sie aus einer anderen Welt zu stammen. Ich wäre nicht erstaunt, wenn ich hier Rapunzel begegnete, die ihr goldenes Haar aus dem Turmfenster herunterlässt, oder Rittern, die durch das Burgtor galoppieren.

Die genannten Beispiele stellen nur eine winzige Auswahl dar. Es gäbe Tausende weitere, wenn wir einen anderen Weg eingeschlagen, ein anderes Menü in einem anderen Restaurant bestellt oder andere Leute getroffen hätten. Die Toskana ist ein Buch mit unendlich vielen Seiten: Asciano, Lucignano, Murlo und Poppi, ein chaotisch wirkendes Eselrennen, die erste Probe Öl aus der neuen Ernte und vor allem das Vergnügen des Reisens außerhalb der Saison. Man braucht nicht zu reservieren, die Züge sind fast leer, in Ausstellungen und Kirchen ist man allein, und die Restaurants bieten die kulinarischen Genüsse der Saison. Im Herbst quillt das Füllhorn förmlich über: der junge Wein, Trüffel, *Funghi porcini* – Steinpilze –, Edelkastanien. Selbst der Winter wird zum Erlebnis. Mal peitscht der Schnee waagerecht ins Ge-

sicht, und tags darauf ist die Luft kristallklar und belebend. Wenn die Kälte hereinbricht, verstummen schlagartig die zahllosen Motorroller. In den *Trattorie* werden *Tortelloni* mit Wildhasenragout aufgetragen und die breiten *Papardelle* mit Wildschweinragout. In den Schaufenstern locken elegante Damenstiefel und modische Schals aus feinstem Material gegen den eisigen Nordwind, der hier *Tramontana* heißt.

In Florenz und im Chianti, wo man den meisten Touristen begegnet, verläuft das Leben nach der Saison wieder normal. Aber auch in den Sommermonaten kann man in kleinen Museen, auf abgelegenen *Piazze* und frühmorgens auf den Märkten feststellen, dass sich eigentlich nichts geändert hat. Viele Reiseführer wecken den Eindruck, als sei das Chianti fest in der Hand der Touristen. Aber die Toskana ist groß, und ich habe die Erfahrung gemacht, dass die meisten Ausländer, die sich hier niedergelassen haben, ihre Wahlheimat lieben und die Kultur des Landes respektieren. Wenn man ihnen begegnet, sind die meisten von ihnen gesprächsbereit, zeigen einem das Geschäft mit dem besten Käse der Gegend oder führen einen zu einem alten Turm mit Blick auf die herrlichen Weinberge, dessen Schatten zu einem Picknick einlädt. In Florenz zum Beispiel leben schon seit Jahrhunderten relativ viele Engländer. Die sitzen hier nicht nur herum und lästern über den einheimischen Tee, wie manche glauben machen wollen, sondern beteiligen sich am Kunstgeschehen, singen in Chören, schreiben Bücher, unterrichten Kinder oder helfen auf andere Weise bei der Erhaltung des kulturellen Erbes.

Auch das Einkaufen ist außerhalb der Saison ein Vergnügen der besondern Art. An den Marktständen und in den Läden findet der Besitzer mitunter Zeit für eine Unterhaltung. Die Toskana ist ja nicht nur ein Kunst-, sondern von alters her auch ein Handelszentrum. Selbst Männer, die sich sonst gern um Einkäufe drücken, springen über ihren Schatten und schleppen riesige Espressomaschinen davon oder kommen mit einer schicken Lederjacke aus dem Laden, zu der ihnen nur noch das stilechte Motorrad fehlt, und Schuhfetischisten sollte man von den einschlägigen Geschäften lieber fern halten. Aber nicht nur in Schuhen und Bekleidung, auf die sich Touristen zuerst stürzen, spiegelt sich die Gestaltungsfreude der italienischen Designer, sondern auf verspielte Weise auch in Geschirr und Küchengeräten. Es macht Spaß, die Einkaufstüte mit Löffelchen zu füllen, die aus einer Puppenstube stammen könnten, mit blauen Bratenwendern, limonengrünen Messbechern, Salatzentrifugen in Gestalt von Raumkapseln, Küchenwaagen in Karussellform oder phantasievollen Zierstöpseln für Getränkeflaschen. Im Eisenwarenhandel findet man Tranchiermesser mit Geweihgriffen, phantastisch geformte Trüffelhobel, krumme Messer zum Schneiden der Reben, elegante Scheren und vieles mehr. Italienische Bettwäsche, Pyjamas und Nachthemden – wer könnte da widerstehen? Was auch immer man entdeckt – alles hat ein eigenes, besonderes Flair. Warum? Weil den toskanischen Künstlern und Handwerkern ihre Begabung angeboren ist. Schmuck, Mäntel, Keramik, Krawatten, Bücher, Aquarelle – man braucht in den kleinen Läden nur ein

Blick in eine Gasse in Arezzo (links); ein Kürschner in Pienza bei der Arbeit (oben); Sammlung von Devotionalien auf Bramasole (nächste Doppelseite).

wenig zu stöbern, um fündig zu werden. Am liebsten kaufe ich in den engen Gassen ein, wo das alte Kunsthandwerk noch lebendig ist, und auf den vielen Antiquitätenmärkten. Am meisten liebe ich den großen Trödelmarkt auf der Piazza Grande in Arezzo. Zwar liegt mir das Feilschen nicht im Blut, aber ich habe mir angewöhnt, bei teuren Stücken bedenkenlos erst die Hälfte zu bieten und mich dann mit einem Drittel Preisnachlass zufrieden zu geben. Manchmal führt mich der Ladenbesitzer sogar ins *Magazzino* oder in die Garage auf dem Hinterhof. In solchen Depots habe ich schon thronartige, vergoldete Sessel, Priestergewänder, Marmorbecken und Gemälde von musealer Qualität entdeckt. Auch wenn ich nichts kaufe, sind solche Erkundungen immer ein Erlebnis.

Die Jahreszeiten prägen Stadt und Land. In der Vorweihnachtszeit blasen in den Städten sardische Schäfer in Tierfellen und Schnabelschuhen die Flöte. In Cortona tauchen sie in der Abenddämmerung auf, als kämen sie aus einer längst vergangenen Zeit. Alle hören den schwermütigen Melodien zu und werfen Münzen in die Körbchen, weil das Glück bringen soll. Zur Osterzeit finden überall in der Toskana Passionsspiele statt. Ein für die Kultur des Landes besonders symptomatischer Feiertag ist freilich Allerheiligen. An diesem Tag fahren die Menschen in ihre Geburtsorte, um die Gräber der Verwandten zu besuchen. Dann versinken die Friedhöfe unter Bergen von Blumen. Die junge Irma, der kleine Fabrizio, die 1918 an der Grippe starben, sie alle ruhen unter einem Berg von Rosen. Riesige Sträuße mit gelben und weißen Chrysanthemen werden niedergelegt oder in die Wandvasen der Mauergräber gesteckt. Kein Grab bleibt ungeschmückt.

Ich gehe gern auf Friedhöfen spazieren, besonders hier, wo die Erinnerung an die Toten wach gehalten wird. Vielleicht ist das so, weil auf den Grabplatten Fotos der Verstorbenen angebracht sind. Benedetta zum Beispiel, wie sie das Weinglas erhebt, oder Rocco, der irre Maler mit dem durchbohrenden Blick, und all die anderen von lebenslanger Arbeit ausgemergelten *Contadini* in ihren schwarzen Anzügen und Kleidern. Die meisten waren um die Vierzig oder Fünfzig, als sie starben. Auf einem Grab las ich: »Die Zeit löscht alles aus, nur die Erinnerung bleibt zurück.«

Im Frühjahr, wenn die exotische *Upupa*, der Wiedehopf, zurückkehrt, öffnen Tausende und Abertausende von Wildblumen ihre Blütenknospen. Es lohnt eine Reise, um zu beobachten, wie sich die Straßenränder und Hügel in bunte Aquarellbilder verwandeln. Ein roter Schimmer in der Ferne verdichtet sich zu einem Mohnfeld. Eines Jahres im April begann ich ein Fotoalbum mit Blumenbildern anzulegen. Ich fotografierte jede Blume, die ich neu erblühen sah. Schließlich wurden es so viele, dass ich mit dem Knipsen nicht mehr nachkam. Von jetzt an bis in den Sommer hinein begegnet man allerorten jungen Frauen in Brautkleidern, die sich vor Springbrunnen und historischem Gemäuer fotografieren lassen. Wenn die Mandel-, Kirsch- und Apfelbäume in voller Blüte stehen und der sanfte Wind mit den Zweigen spielt, hat man den Eindruck, die Luft sei geradezu erfüllt mit Brautschleiern. Auf dem Land wecken dich Kuckuck und Nachtigall, oder sie begleiten dich in den Schlaf.

Die Toskana ist mit Mineralquellen reich gesegnet, nicht nur in Montecatini Therme und Saturnia, sondern auch in vielen anderen Orten, die zu Kuren einladen. »Machen wir einen Ausflug zu den Quellen«, sage ich zu Ed. »Allein in San Casciano dei Bagni gibt es zweiundvierzig Gesundbrunnen.« Noch am selben Tag kommt er mit einem dicken Buch über die *Terme* der Toskana nach Hause.

Im Wohnzimmer steht schon ein ganzes Regal mit Büchern über die Toskana. Greif eines heraus, egal welches, es lohnt sich bestimmt. Auf der letzten Seite mache ich mir Notizen über all die Ausflüge, die ich für die nächste Zeit eingeplant habe.

Der Delphinbrunnen im Stadtpark von Cortona (links); Landschaft bei Pienza (nächste Doppelseite).

- Ich möchte mir alle Gemälde mit dem letzten Abendmahl in Florenz ansehen;
- die Villen der Medici im Mugello hinter Florenz besichtigen;
- die Wanderung von Radda nach Parco San Michele mit einem Abstecher zum Kloster Badia Montemuro und weiter durch das Dorf Volpaia unternehmen;
- San Pietro a Grado bei Pisa besuchen, wo Petrus auf seiner Reise von Antiochia nach Rom Station gemacht haben könnte. (Skeptiker werden allerdings einwenden, das sei wegen des großen Umwegs nicht sehr wahrscheinlich.) In der Kirche aus dem 11. Jahrhundert findet man jedenfalls Säulen und Architekturfragmente, die aus römischer Zeit stammen.
- Collodis klassischer italienischer Garten steht ebenso auf der Liste wie
- Prato, wo ich den Dom mit dem heiligen Gürtel Mariä und den Fresken von Filippo Lippi besichtigen werde, sowie das Kastell Kaiser Friedrichs II. Nicht zuletzt zieht es mich auch wegen der Gerichte aus Kartoffeln und Steinpilzen dorthin und um den Carmignano zu verkosten, der in dieser Gegend angebaut wird.

Pescia, Artimino, Pontremoli ... die Liste wird immer länger. Pistoia kenne ich auch noch nicht. Ich habe es jedenfalls schon mal für nächste Woche eingeplant.

Es gibt noch viel zu sehen in der Toskana, weitaus mehr, als ich schon kenne. Ein Fremder kommt in die Stadt, und er kommt wieder und wieder. Die Toskana bleibt ein unerforschtes Land. Und Elba gibt es auch noch sowie die übrigen der toskanischen Küste vorgelagerten Inseln – hohe Berge, versunken im Meer ...

LA PIAZZA
Die Piazza

Auf der Piazza bist du im Herzen der Stadt. Alles Leben, alle Liebe und alle Ereignisse nehmen von hier ihren Ausgang.

ARMACIA

LA PIAZZA

Die Piazza

Marco besteht darauf, mir innerhalb der nächsten Viertelstunde mit seinem Lieferwagen alles vorbeizubringen, was ich in seinem kleinen Laden an der Piazza della Repubblica gekauft habe: Käse, Oliven, Wein, Brot, *Prosciutto* und Salami. »Sie brauchen das nicht durch die ganze Stadt zu schleppen«, sagt er, als ich nach den Tüten greife, um zu gehen.

»Danke, sehr freundlich. Stellen Sie alles vor die Tür – und *grazie*.«

»Bis morgen«, sagt er. Worauf er sich verlassen kann! Wie alle Leute hier gehe auch ich täglich in die Stadt, um einzukaufen, nach interessanten Dingen Ausschau zu halten und Freunde zu besuchen. Auf der *Piazza* trifft sich alles. Das wissen auch die Fahrer der Postzustelldienste, denn oft geben sie Päckchen für mich in Giorgios Fotoladen oder in Giulios Buchhandlung ab.

Das Anrecht auf die *Piazza*, Herzstück toskanischen Zusammengehörigkeitsgefühls, erwirbt der Italiener mit der Geburt, und es überträgt sich auch auf den ausländischen Besucher. Der polnische Schriftsteller Zbignew Herbert, ein hervorragender Kenner der Toskana, schreibt: »Mein letzter Abend in Siena. Ich gehe auf den *Campo*, um einige Münzen in den Fonte Gaia zu werfen, obwohl kaum Aussicht besteht, dass ich jemals wiederkommen werde. Später, in Ermangelung eines Gesprächspartners, sage ich dem Palazzo Pubblico und dem Torre del Mangia *Addio*. ›*Auguri, Siena, tanti auguri*.‹ Ins Tre Donezelle zurückgekehrt, möchte ich am liebsten das Zimmermädchen wecken und ihm sagen, dass ich morgen abreisen werde und dass ich mich hier sehr wohl gefühlt habe. Wenn ich mutiger wäre, würde ich sagen, dass ich hier glücklich gewesen bin.«

Auch ich bin glücklich hier. Ich gehe in die Stadt, selbst wenn ich nichts einkaufen muss, weil ich mir die *Piazza* am Markttag anschauen will oder im *Buio*, der Dunkelheit einer Januarnacht. Durch eines der Tore betrete ich die Stadt, durch ein anderes verlasse ich sie. Zwischendurch schaue ich kurz in den Geschäften vorbei, bei Isa mit ihrer Sammlung antiker Fächer, bei Ivan mit seinen langen toskanischen Zigarren, die zum Rauchen halbiert werden. Manche Männer laufen ständig mit einer kalten Zigarre zwischen den Lippen herum. Ich schwätze ein bisschen mit Anna und Viola, die mit Zitronen dekorierte Keramikschalen verkaufen. Carlo in seiner chromblitzenden Bar stellt mir immer ein Stück meines Lieblingsdesserts zurück, bevor es ausverkauft ist. Zwei Frauen führen einen hageren, sichtlich verwirr-

Piazza Grande in Montepulciano (Doppelseite 44–45);
Rathaus von Cortona an der Piazza della Repubblica (links);
Roberto vor seinem Gemüseladen (oben).

BANCHELLI
Banchelli
GELATI

ten alten Mann. Sein Gesicht ist ernst. Tröstet es ihn, das vertraute Pflaster unter den Füßen zu spüren? Aus dem halb unter der Erde liegenden Gemüseladen »*Frutta e verdura*« trägt Roberto gerade goldene Stachelbeeren, schwarz glänzende Brombeeren und Feigen herauf, so reif, dass man sie noch auf dem Nachhauseweg essen muss.

Spaziergänger, wohin man schaut. Der letzte *Marchese* in Cortona, ein vornehmer Herr in den späten Achtzigern, hat erst letztes Jahr seinen Führerschein zurückgegeben. In einen eleganten schwarzen Anzug gekleidet, tritt er täglich zweimal durch das Tor seines *Palazzo* und schreitet, auf seinen Spazierstock gestützt, zur *Piazza* hinauf. »*Buon giorno, marchese*«, grüßen die Leute, und er antwortet mit einem würdevollen Kopfnicken – ein aristokratischer Schatten vergangener Zeiten.

Alte Leute, Kleinkinder, Arbeiter, Straßenköter – alles trifft sich mindestens einmal täglich am Mittelpunkt der Stadt, dem Nabel einer kleinen Welt. Wie San Gimignano hat auch Cortona zwei große *Piazze*. Die Piazza Repubblica wird vom Rathaus mit dem viereckigen Glockenturm beherrscht. »*Buon giorno, avvocato*«, höre ich eine Stimme sagen. Die große Freitreppe, die zum Rathaustor hinaufführt, betont die Würde des Bauwerks. Hier sitzt man am Markttag mit seiner Einkaufsliste und beobachtet: vier Männer um einen Traktor; ein Baby inmitten einer Traube von Bewunderinnen; der fesche Sebastiano; die in ihren Reiseführer vertiefte holländische Touristin. An manchen Abenden sitzen die *Ragazzi* auf den Stufen und singen.

Eine rechtwinklige schmale Gasse führt in die etwas nüchternere Atmosphäre der Piazza Signorelli, überragt vom Palazzo Casali mit seiner streng gegliederten Fassade und dem Palazzo Laparelli, der heute ein Museum und eine Bank beherbergt. Die Sonnenschirme und rosa Tisch-

Markt am Samstagmorgen auf der Piazza del Duomo in Cortona (oben);
vor der Konditorei in Cortona (vorhergehende Doppelseite).

decken vor den Bars und *Gelaterie* setzen farbige Akzente. Ich warte draußen, während Ed in die Bank geht, um Geld einzuzahlen. Er ist gleich wieder da. »Der Computer streikt. Die Angestellte hat gesagt, ich soll das Geld dalassen, sie würde es später gutschreiben. Hat noch nicht mal nachgezählt.«

Kleine Läden, kaum größer als eine Garage, säumen die *Piazze* von Cortona – Hüte, Schirme, Schuhe gibt es dort. Dazu die Apotheke, ein Spielzeugladen, die *Profumeria*, ein Tabakladen, eine Bildergalerie, die einzige chemische Reinigung, zwei Läden für Kunstgewerbe, die Druckgrafik und Keramik anbieten. Marios Blumenladen reicht weit auf den Gehsteig hinaus und zaubert farbige Inseln auf die grauen Steinplatten. An Samstagen wimmelt es hier von Menschen, die Blumen für den sonntäglichen Gang auf den Friedhof kaufen.

Was es auf der *Piazza* nicht gibt, findet man in einer der sternförmig von hier ausgehenden mittelalterlichen Gassen. Doriano verkauft Zeitungen und gilt als Wetterprophet. »Glaubst du, dass es regnen wird?«, fragt Ed.

»Ja, am Nachmittag. Im Fernsehen haben sie zwar das Gegenteil behauptet, aber da haben sie wohl den Wetterbericht der letzten Woche vorgelesen.« Doriano lacht. »Und der hat auch nicht gestimmt!« Wir gehen zur Post hinauf. Der Duft frisch gebackenen Brotes liegt in der Luft.

In den Geschäften finden wir alles, was wir brauchen. Viele sind Ein-Mann-Betriebe. Oft sitzt einer der Partner auf einem Stuhl vor dem Laden. Ich habe mich an den kleinen, aber hervorragend sortierten Lebensmittelladen so sehr gewöhnt, dass ich fast einen Schock bekam, als ich wieder einmal einen Supermarkt betrat. Alles, was man für den Haushalt braucht, und noch einiges mehr liegt bei Mario in den Regalen.

Die gesamte Bevölkerung der Stadt scheint auf den Beinen zu sein: auf dem Weg zum Frisör, zum Eisenwarenladen, zum Weinhändler, zum Gemüseladen. *Buon giorno, professore, ingegnere, architetto*. Der Beruf wird zum Titel: Herr Professor, Herr Ingenieur, Herr Architekt. Der Besitzer des Ladens für *Pasta fresca* eilt mit einem Tablett *Ravioli* zum nahe gelegenen Restaurant. An einem Tischchen davor fünf Herren beim Espresso. Jeden Nachmittag besprechen sie hier die Ereignisse des Vortages. Zwei alte Frauen studieren die schwarz umrandeten Todesanzeigen an der Hauswand. In den Ladentüren lehnen die Händler oder gehen auf einen Schwatz zum Nachbarn. Der pensionierte Elektriker hält seine Zeitung in den schräg einfallenden Strahl der Sonne. Wir gehen in die Antica Drogheria, um frisch gemahlenen Kaffee zu kaufen. Vier Tage alter Kaffee soll angeblich sein Aroma verlieren. Falls Sie die Absicht haben sollten, auf der *Piazza* über einer Tasse Kaffee in Ruhe die Zeitung zu lesen – vergessen Sie es. Sie werden nichts als reden, reden, reden.

Michele, stadtbekannter schwarzer *Bastardino* mit kupiertem Schwanz, trottet zum Fleischerladen, hockt sich auf den Gehsteig nieder und wartet, bis ihm jemand ein paar Fleischfetzen zuwirft. Als die Hand des Metzgers hinter dem Fliegenvorhang verschwindet, sehe ich drinnen ein abgezogenes Lamm am Haken hängen. Tootsie döst in der Sonne vor Patrizias und Massimos Schmuckgeschäft, und der schwarz-weiß gefleckte Arturo hat sich vor der Loggiawand des alten Fischmarkts postiert. Manche Hunde haben zwar Besitzer, fühlen sich aber als freie Bürger der Stadt. Mag das Wappentier der Stadt auch der wettergegerbte Löwe von San Marco sein – es sind eindeutig die Hunde, die den Ton angeben. Sie drehen ihre Runden wie die Menschen und begleiten einen manchmal stundenlang, bevor sie zu ihrem Lieblingsplatz zurückkehren, um zu schlafen. Einer schläft gar unter der Statue der hl. Margherita auf der *Piazza del Duomo* und sieht aus wie der steinerne Hund (ihr Attribut) zu ihren Füßen.

Unter den Arkaden nehmen Frauen Gemüse aus den Steigen und lassen es auf der alten Handwaage wiegen. Eine füllt sich den Arm mit Blumensträußen aus den Eimern mit Zinnien, Astern und Rosen, die der Gärtner kurz zuvor angeliefert hat. In den Bars trifft man sich auf einen *Espresso*. *Buon dì* grüßen die Einheimischen in ihrer Mundart oder, hochsprachlich, *Buon giorno*.

Patrizias Coniglio

Gefülltes Kaninchen

Geht man in Cortona die Hauptstraße hinunter, steigt einem unvermittelt der Duft aus Paolas und Patrizias Rosticceria in die Nase – Kartoffeln und gebratene Ente oder Pizza oder Panzarotti – Wurstbrät, Schinken oder verschiedene Gemüse in Brotteig. »Heben Sie uns etwas vom gefüllten Kaninchen auf«, bitten wir Patrizia. Das aßen die Leute schon zu Cäsars Zeiten. Die Zubereitung ist einfach, wenn Sie einen Metzger haben, der Ihnen das Kaninchen entbeint.

Patrizia Falomi.

FÜR 6 PERSONEN

Je 350 g Truthahn-, Hühner- und Schweinefleisch
100 g Parmesan, gerieben
4 EL Semmelbrösel, 1 Ei
2 Knoblauchzehen, gehackt
Je 1 EL Rosmarin und Salbei, gehackt
1 kleine weiße oder schwarze Trüffel oder 1 Tube Trüffelpaste
1/8 Liter Milch
1 Kaninchen, 1500–2000 g, entbeint
Salz und Pfeffer
Weißwein und Olivenöl

❧ Für die Farce die drei Fleischsorten durch die feine Scheibe des Fleischwolfs drehen oder in der Moulinette pürieren und mit dem Parmesan, den Semmelbröseln, dem Ei, dem Knoblauch und den Kräutern vermengen. Die Trüffel fein hacken. Trüffel oder Trüffelpaste unter die Fleischfarce rühren und dabei so viel Milch zugeben, dass eine geschmeidige Masse entsteht. Den Backofen auf 175 °C vorheizen.

❧ Das Kaninchen waschen und trocken tupfen, innen und außen salzen und pfeffern, mit der Farce füllen und zunähen. Das gefüllte Kaninchen in einen Bräter legen, mit Weißwein und Öl übergießen und im heißen Ofen 90 Minuten braten. Dabei immer wieder mit dem Bratensaft begießen.

❧ Das Kaninchen in dünne Scheiben schneiden und mit dem Bratensaft servieren.

Gnocchi di Spinaci e Ricotta della Rosina

Spinat-Ricotta-Gnocchi

Wenn wir uns in der Trattoria La Grotta in Cortona zu Tisch setzen, weiß Giancarlo, der Besitzer des kleinen Familienunternehmens bereits, dass wir uns als Primo eine Portion Ricotta-Gnocchi mit Spinat teilen werden. Diese manchmal auch Malfatti genannten Teigklößchen lassen sich schnell und einfach zubereiten und sind immer ein kulinarisches Erlebnis. Wenn ich sie selbst mache, nehme ich statt Spinat Mangold, der bei mir in Mengen im Garten wächst.
Rosinas kleine Klößchen aus Ricotta sind viel lockerer als Kartoffel-Gnocchi. Darüber gießt sie reichlich frische Tomatensauce, die sie nur kurz aufkochen lässt. Sollten Sie mal im La Grotta essen, werfen Sie ruhig einen Blick in die Küche und auf das fröhliche Treiben, das dort herrscht.

Die Belegschaft des Restaurants »La Grotta«.

FÜR 4 PERSONEN
2 kg Spinat
Etwas Salz
500 g Ricotta (vorzugsweise aus Schafmilch)
1 Ei
Pfeffer, Muskatnuss
Mehl nach Bedarf

❧ Den Spinat mehrmals gründlich waschen und abtropfen lassen, dann in wenig Salzwasser zusammenfallen lassen und fein hacken.
❧ In einem Pasta-Topf reichlich Salzwasser erhitzen. Inzwischen den Ricotta mit dem Spinat in einer Schüssel vermengen, das Ei, Salz, Pfeffer und Muskatnuss dazugeben und das Ganze gut vermischen. Dabei gerade so viel Mehl zugeben, dass sich die Masse zu kleinen Klößchen formen lässt.
❧ Aus der Ricottamasse mit 2 Kaffeelöffeln Gnocchi abstechen und in das siedende, aber nicht kochende Wasser geben. Sobald die Gnocchi an der Oberfläche schwimmen, sind sie gar.
❧ Die Gnocchi mit dem Schaumlöffel herausheben und auf vorgewärmten Tellern anrichten. Mit frischer Tomatensauce oder mit Butter und Salbei übergießen.

Zuppa di Cipolle Aretine

Zwiebelsuppe auf Arezzo-Art

Diese »Suppe« aus Arezzo wird mit der Gabel gegessen. An einem verregneten Tag in Arezzo bestellten wir sie in der Weinstube La Torre di Gnicche. Lucia Fioroni, die Besitzerin, sagte uns, dies sei eine seit Jahrhunderten beliebte Spezialität der Gegend, und schrieb uns das Rezept auf. Gleich am nächsten Tag probierte ich es zu Hause aus, und inzwischen wollen wir an kühlen Tagen nicht mehr darauf verzichten.

FÜR 8 PERSONEN

6 Gemüsezwiebeln (etwa 1000 g)
60 g Butter
1 Liter Gemüsebrühe
Salz und Pfeffer
20 Scheiben Ciabatta
8 Scheiben Fontina-Käse
Geriebener Parmesan zum Bestreuen

Zwiebeln auf dem Markt von Carmucia.

Die Zwiebeln schälen und in dünne Scheiben schneiden. 50 g Butter in einem ausreichend großen Topf erhitzen und die Zwiebelscheiben darin dünsten, bis sie weich sind. Den Backofen auf 200 °C vorheizen.

Die Zwiebeln mit der Gemüsebrühe aufgießen. Die Suppe etwa 10 Minuten köcheln lassen und mit Salz und Pfeffer abschmecken.

Eine große Auflaufform mit der restlichen Butter einfetten und mit einer Schicht Brotscheiben auslegen. Reichlich Zwiebelsuppe darüber verteilen und mit dem Fontina belegen. Die Käsescheiben mit einer weiteren Schicht Brot belegen und die restliche Zwiebelsuppe darüber verteilen. Das Ganze mit reichlich Parmesan bestreuen und im heißen Ofen 30 Minuten backen.

TIPP

Bereiten Sie das Gericht am Vortag zu. Wenn man es einen Tag durchziehen lässt, schmeckt es noch besser.

peso kg
prezzo al kg lire
tara g
importo lire

PECORINO di PIENZA
Fattoria Buca Nuova
GRAN RISERVA

Zwar ist das *Centro* für den Autoverkehr gesperrt, aber vor der *Profumeria* parkt ein roter Ferrari, umstanden von zehn männlichen Bewunderern, die den Traumwagen umkreisen, niederknien und die Felgen begutachten, sich an den eleganten Linien berauschen. Ein Dalmatiner begleitet seine Herrin beim Joggen im Park, eine Mineralwasserflasche im Maul. Das Höschen der jungen Dame ist aufreizend kurz, aber selbst das kann die Männer nicht von ihrem Spielzeug ablenken. Auch Ed ist hingerissen. Tappo, der quirlige kleine Terrier, den wir ins Herz geschlossen haben und von dem ich glaube, dass er sprechen könnte, wenn er nur wollte, macht Luftsprünge vor Freude, als er uns kommen sieht, umkreist uns und läuft uns durch die Stadt voraus.

Dieses intensive Gefühl der Gemeinsamkeit, das mich in Italien überkommt, rührt nicht zuletzt von diesen Begegnungen auf der *Piazza* her. Jeder kennt jeden, man grüßt sich und wird als Individuum akzeptiert. Die Geschäfte erkennt man an den Gesichtern ihrer Inhaber. Der Muttergottes sei Dank, dass man hier keine kollektiven Mentalitäten kennt. Anonymität ist undenkbar, ausgenommen bei den Touristen, die oft auf den Rathausstufen sitzen und das Schauspiel fasziniert beobachten, insbesondere am Sonntagnachmittag, wenn es die Einheimischen aus dem Umland nach Cortona zieht, um der *Passeggiata*, der wöchentlichen Prozession beizuwohnen, die sich einmal, zweimal, manchmal auch dreimal durch die Stadt bewegt. Alle kommen, um zu sehen und gesehen zu werden – auch die Frau, die deinen Jugendschwarm geheiratet hat, oder das schwarze Schaf der Familie –, einfach alle, die man sein Leben lang kennt, und sogar Leute, die einander sonst aus dem Weg gehen, begegnen und grüßen sich während dieser zwei Stunden. Punkt halb acht fällt schlagartig der Vorhang, und die Leute verschwinden, als hätte der Erdboden sie verschluckt. Dann wird es auch für uns Zeit, nach Hause zu gehen.

Die *Piazza* summt wie ein Bienenschwarm von morgens früh bis spät abends. An Sommerabenden zieht uns die *Gelateria* an. Nuss, Pfirsich, Mokka übereinander auf einem knusprigen *Cono*. Man muss sich beeilen, sonst läuft einem die Eiscreme über die Finger. Amerikanische Studentinnen flirten heftig mit italienischen Jungen, während italienische Mädchen untergehakt vorbeischlendern und neidisch zuschauen, bis sie heimgehen müssen. Denn die Amerikanerinnen können bleiben, so lange sie wollen.

An Winterabenden sind die geschlossenen Glastüren der Bars von innen beschlagen. Drinnen trinkt man *Grappa* oder heiße Schokolade und spielt Karten. Manchmal liegt Schnee auf der *Piazza* und schimmert golden im Licht der Schaufenster. Auch an solchen Abenden zieht es uns hinaus, ja ganz besonders an solchen, weil dann die Stadt wie in einen mittelalterlichen Dornröschenschlaf versunken erscheint und man die wenigen vorüberhuschenden Gestalten für San Francesco und Santa Margherita halten könnte oder aber für Fra Angelico, der seinem Turm zustrebt, nachdem er den Verkündigungsengel gemalt hat.

Während wir nach Hause gehen, sagt Ed: »Die *Piazza* erinnert mich an die Eislaufbahn in meiner Geburtsstadt. Von Dezember bis März herrschte dort unentwegt Hochbetrieb.«

»Mich erinnert die *Piazza* eher an eine große Schüssel, die ständig herumgereicht wird«, entgegne ich. »Man kann gar nicht genug davon kriegen. Jedes Mal, wenn die Schüssel an einem vorbeikommt, entdeckt man etwas anderes darin.«

Beides ist wahr. Denn auf der *Piazza* pulsiert das Leben, echt und wahrhaftig.

9
C.A.T.E.M.
Noi dobbiamo
restare fuori

Die Anziehungskraft eines roten Ferrari in Cortona (oben);
Käsetheke mit Pecorino di Pienza, eine Schafkäse-Spezialität der Gegend (Doppelseite 58–59);
Tootsie, vierbeiniger Bürger von Cortona, der vor dem Schmuckgeschäft Quartier bezogen hat,
und ein Metzger in der Tür zu seiner Marcelleria in Siena (Seite 60–61).

TRAUMWAGEN

Früher haben mich Autos nur am Rande interessiert. Wenn mir kein marineblauer Alfa Romeo oder Jaguar vergönnt war, dann fuhr ich eben ein anderes Modell. Hauptsache, es lief und hatte eine funktionierende Klimaanlage. Alles andere war Nebensache – bis Eds Leidenschaft für elegante Karosserien mir die Augen für Dinge öffnete, die ich zuvor nicht wahrgenommen hatte: das Auto nicht als Statussymbol, sondern als Lustobjekt. Ihm gefallen viele Modelle, nicht nur der Alfa Romeo, der in Italien – wegen seines unvergleichlichen Motorengeräuschs im wahrsten Sinne des Wortes – zum guten Ton gehört, auch der Ferrari Testarossa oder der Lamborghini Diablo – eben alle diese *Macchine*, deren Tacho erst bei 150 km/h auszuschlagen beginnt.

Zu seinen Favoriten zählen auch die Cinquecento und Seicento von Fiat, besonders die Modelle aus den Sechzigerjahren. Die Designer scheinen aus der Spielzeugbranche gekommen zu sein. Der rote Cinquecento eines unserer Nachbarn hat es Ed am meisten angetan, obwohl er sich wie ein Gummimännchen verrenken muss, um einsteigen zu können. Ein *Conte* in Cortona, den er sehr bewundert, fährt einen dreißig Jahre alten Jeep mit Rechtslenkung und flatternden Segeltuchtüren mit Reißverschluss. »Das ist Stil«, sagt Ed, als wir nach einer holprigen Fahrt über Feldwege leicht gerädert aussteigen. Wir lieben auch die Pandas von Fiat. Sie sind so hochbeinig, dass man mit ihnen überall hinkommt. Die dreirädrige *Ape* – die Biene – mit der kleinen Ladefläche über der Hinterachse hat in Italien den Esel ersetzt. Die knallroten, grünen, gelben und türkisfarbenen Minitransporter sind mit großen Glasballons für Wein, Stapeln von Brennholz oder riesigen Terrakottatöpfen für Kübelpflanzen beladen. Man hört sie schon von weitem knattern und scheppern, wie eine Kinderkapelle mit Topfdeckeln. Eine Bienenladung Sand, eine Bienenladung Steine und eine Bienenladung Zement ergeben eine Mauer.

Angesichts dieser Vielfalt beklagt Ed mit einem Anflug von Wehmut die Flut japanischer Importwagen, die jegliches Stilgefühl weltweit nahezu ausgelöscht hätten. Der gegenwärtige Trend zu immer stärkeren und bulligeren Geländewagen nährt meine Befürchtungen, dass wir eines gar nicht mehr so fernen Tages mit gepanzerten Geldtransportern herumfahren werden, um die Kinder zum Sportunterricht oder ins Kino zu bringen. Zweckmäßigkeit ist Trumpf, und die Freude bleibt auf der Strecke.

Die Fiat, Alfa oder Lancia, die in Italien das Straßenbild beherrschen, wecken die Leidenschaft am Fahren. Die direkte Lenkung, das straffe Fahrwerk, dazu

Motoren, die geradezu lustvoll am Gas hängen ... Und auch die anderen europäischen Traditionsmarken – BMW, Rover, MG, Peugeot, Citroën – erfreuen sich großer Beliebtheit. Die Roadster von Fiat und Alfa bringen selbst mich in Versuchung, im gelben Cabrio mit offenem Verdeck die gewundenen Straßen entlangzubummeln, den Picknickkorb und den Hund auf der Rückbank.

Wir besuchen Ausstellungen und Rennen mit italienischen Oldtimern. Auf Parkplätzen hält Ed Ausschau nach den klassischen Morris Minors, Mini Coopers, Super Giulias, Autobianchis, Citroëns und Lancias mit ihren der Antike entliehenen Namen: Flavia, Fulvia, Beta, Gamma, Delta, Thema. Auf Hochglanz poliert und von ihren Besitzern liebevoll gepflegt, sonnen sie sich im Glanz ihrer Individualität.

In den Fünfziger- und Sechzigerjahren war meine Tante Hazel buchstäblich versessen auf amerikanische Autos der Marke Lincoln. Sie hing so sehr an diesen Karossen, dass sie keine davon je verkauft hat. Wenn sie glaubte, ein neues Auto zu brauchen – immer cremefarben mit hellbraunen Ledersitzen –, stellte sie den Vorgänger einfach für alle Zeiten hinter dem Haus ab.

»Tante Hazel, warum hebst du diese alten Autos auf?«, fragten wir sie mitunter. Sie pflegte dann ein wenig wehmütig aus dem Fenster zu blicken, so als beobachte sie gerade jemanden, der ins Auto stieg, wegfuhr und niemals mehr wiederkommen würde.

»Weil ich diese Autos einmal sehr geliebt habe«, pflegte sie zu antworten.

Der Packesel »Ape« während einer Arbeitspause in Pienza (links);
ein ehrwürdiger Fiat Seicento in Sansepolcro (oben).

Hüte und Schirme an der Piazza della Repubblica in Cortona (oben); eine große Auswahl an Garnen bietet das Stoffgeschäft in Arezzo (unten).

Ladenschilder in Montepulciano (oben); Bambino mit Nonna und Mamma in Siena (unten).

Romantica
RANIERI
Northern

Wo ist die schönste *Piazza* Italiens? Es würde mir riesigen Spaß machen, sie zu suchen. Ich stelle mir vor, wie ich ein Jahr lang kreuz und quer durchs Land fahre. Sizilien, Sardinien, die Dolomiten, Umbrien, der faszinierende Süden mit dem lebenslustigen, barocken Lecce, die Kastelle Kaiser Friedrichs II., das geheimnisvolle Matera mit den Höhlenwohnungen – und Neapel mit seiner phantastischen Fülle von Eindrücken. Ein Rundgang um die alte Stadtmauer von Ascoli Piceno in den Marken, dann Triest im Februar, Bergamo, die Emilia Romagna, Turin. Ein grandioses Reiseabenteuer.

So fragte ich Freunde in Cortona: »Welche *Piazza* in der Toskana findet ihr am schönsten?« Und als hätten sie sich abgesprochen, antworteten alle: »Unsere.« Nur wenigen fielen noch Siena und Lucca ein. Daheim ist es halt doch am schönsten. Wenn wir reisen, folgen wir den Hinweisschildern *Centro*. Das Symbol – ein Kreis mit einem dicken schwarzen Punkt in der Mitte – gibt mir zu verstehen: Die *Piazza* ist der *Ombellicus mondi*, der Nabel der Welt – genauer gesagt der individuellen Welt einer italienischen Kleinstadt.

Gelegentlich erweist sich die *Piazza* im Stadtzentrum als staubiger Parkplatz, während das Leben anderswo pulsiert, aber in der Regel bietet das *Centro* einen bezaubernden Anblick. In Choreographie und Rhythmus der *Piazza* scheint sich die jeweilige Wesensart zu entfalten. Ein Mittagessen, ein *Espresso* beim Studieren der Straßenkarte, eine kurze Entspannungspause im silbrigen Licht des Vollmonds – auch der kleinste Augenblick hinterlässt einen bleibenden Eindruck von der *Piazza* zum Beispiel in Bagno Vignoni mit dem großen Thermalbecken, oder der heimeligen Atmosphäre des Stadtplatzes in Pienza, der aus der Renaissance stammt und mit Kalksteinbänken gesäumt ist, oder von Chiusi mit seiner geheimnisumwobenen etruskischen Vergangenheit, oder von der Piazza Anfiteatro mit den Überresten eines römischen Theaters.

Die erste *Piazza*, die ich zu Gesicht bekam, war Il Campo in Siena. Nach meinem Dafürhalten ist sie die Gewinnerin des Schönheitswettbewerbs. Dieser Platz in den Umrissen einer Muschel wirkt besonders eindrucksvoll bei Regen, weil die Ziegel, die mit einem leichten Gefälle verlegt sind, damit das Wasser ablaufen kann, vor Feuchtigkeit glänzen und die bunten Farben der Regenschirme widerspiegeln, die darüber hinweghuschen wie schnell wandernde Wolken. Und die vornehme Fassadenkulisse rings um den Platz sucht man anderswo vergebens. Von Stunde zu Stunde ändert sich die Beleuchtung, und der Rathausturm wirkt wie der Zeiger einer gigantischen Sonnenuhr, welche die Stunden in einem Zeittakt zählt, den jeder selbst bestimmen kann. Wenn man mit einem großen Glas Limonade vor dem Café sitzt und zu den gotischen Fensteröffnungen hinaufschaut und die Mauerzinnen

Il Campo in Siena (links); das große Thermalbecken auf der Piazza in Bagno Vignoni (oben); wer oben steht, sieht mehr – Beobachtung in Siena (Doppelseite 68–69); vor dem Café an einem Spätnachmittag irgendwo in der Toskana (Doppelseite 70–71).

vor dem Blau des Himmels sieht, dann hat man das Gefühl, die Zeit sei stehen geblieben. Ich werde fast ein bisschen neidisch, wenn ich sehe, wie die Kinder hinter einer Katze herlaufen. Wie muss es wohl sein, inmitten solcher Schönheit aufzuwachsen?

Ein weiterer prachtvoller Stadtplatz ist die Piazza dei Priori in Volterra. Nur wenige Touristen kommen bis Volterra, obwohl es von Siena und San Gimignano nur noch ein kleines Stück Wegs nach Westen ist, wenn auch durch eine oft als karg und eintönig beschriebene Landschaft. Mein persönlicher Eindruck ist eher der einer auf das Wesentliche reduzierten, archaischen Landschaft. Hier gibt es nichts Überflüssiges. Im Umland von Volterra haben die bröckelnden Kalksteinklippen, *Le Balze*, im Lauf der Jahrhunderte Friedhöfe und Abteien verschlungen. Das unsichere Gelände sorgt auch in Volterra selbst für ein Gefühl der Unsicherheit, das man aber schnell vergisst, wenn man vor der prachtvollen Stadtarchitektur steht. Der Eindruck einstiger Größe – auf diesem Platz ist er noch zu spüren. Man glaubt fast, das Getümmel beim Aufmarsch eines mittelalterlichen Heeres zu hören, mit Trompetensignalen und Trommelwirbeln, obgleich man fast nur Arbeiter aus den Alabasterbrüchen sieht, die mit weiß gepuderten Mützen ihren Kaffee genießen, oder Touristen mit Souvenirs aus Alabaster, von denen die Läden überquellen. Die Arbeiter sind Nachfahren der etruskischen Steinmetze, deren Werke im Museum ausgestellt sind und die nach wie vor das heimische Kunsthandwerk beeinflussen.

Wie Cortona war auch Volterra eine etruskische Befestigungsanlage, und wie in Cortona hat man hier schon im 18. Jahrhundert damit begonnen, Kunstschätze der Etrusker zu sammeln. Angesichts der rund sechshundert Graburnen im Museo Etrusco Guarnacci verliert man zwar rasch die Übersicht, aber jede Einzelne ist einer eingehenden Betrachtung wert. Auf vielen sind Engel dargestellt, geflügelte Wesen jedenfalls, die sowohl gute als auch böse Geister verkörpern mögen. Alle Besucher bewundern die beiden Menschenbildnisse auf einem Urnendeckel, die einander in Liebe verbunden waren. Sie schaut ihn an, während er dem Tod ins Auge zu blicken scheint. Fast möchte man sich umdrehen, um nachzusehen, ob da nicht der Tod steht. Viele Relikte der etruskischen Kultur haben mit dem Tod zu tun. Aber was sagt mehr aus über eine Zivilisation als ihr Umgang mit dem Gedenken an die Toten?

Die Motive auf den Urnen sind überaus vielfältig in ihrer Aussage. Sie zeigen Alltagstätigkeiten vom Tanz bis zum Zweikampf, zeigen Porträts und mythologische Szenen. Das Reich der Toten als Weltbühne. Lebensvolle Menschen spielen Flöte, nehmen Schalen mit Wein entgegen und feiern Feste – ein Vermächtnis, das noch heute in der Toskana in Ehren gehalten wird. Häufig wiederkehrende Motive sind Olivenbäume, Wiesen, Fische, Vögel, Pferde, Wildschweine – Zeugen der Verbundenheit dieser Menschen mit der Natur – auch das eine Hinterlassenschaft, die noch lebendig ist. Frauen scheinen den gleichen Rang einzunehmen wie Männer, was auf ein harmonisches Gesellschaftsgefüge schließen lässt.

Die Pinacoteca e Museo Civico ist wie ausgestorben. Inmitten einer Menschenmenge kann ich visuelle Eindrücke zwar wahrnehmen, diese aber nicht verarbeiten. Heute dagegen halte ich einige Gedanken in meinem Notizbuch fest, schlendere zwischen den Vitrinen umher und stehe so lange ich möchte vor Signorellis überwältigender *Verkündigung*. Maria hat ihr Buch fallen lassen und die Hände erhoben, während der Engel mit wirbelndem Faltengewand in leuchtendem Rot den Boden betritt. Aufmerksam studiere ich die romanischen Reliefs von verschiedenen Bauwerken der Stadt und empfinde einen Hauch der Liebe, die aus dem Gesicht der Madonna spricht. Giambattista di Jacopos *Beweinung* zieht uns nicht weniger in ihren Bann. Maria drückt den Leichnam ihres Sohnes an sich, die Gesichter sind einander zugewandt, ihre Augen geöffnet, seine geschlossen, und ihr dunkles Gewand umhüllt ihn, als wolle sie ihn wieder in ihren Körper aufnehmen. Ich

Abendliche Schattenbilder in San Gimignano.

erinnere mich an viele Darstellungen Marias mit dem Jesusknaben, in denen der ernste Ausdruck ihrer Augen bereits das Kreuz ahnen lässt. Stolz präsentiert das Museum seinen berühmten Ghirlandaio, aber besonders die Sammlung so genannter kleinerer Meister der toskanischen Malerei ist exquisit – kleine Meister, großes Erlebnis.

Volterra zieht dich in die Vergangenheit zurück und entlässt dich sanft in die Gegenwart. Eine Frau spricht mich an, während ich in meinem Reiseführer lese. »Wenn Sie gut essen wollen, gehen Sie ins *Il Sacco Fiorentino*.« Wir tun es. Ed fragt den Kellner nach dem Ursprung des Namens, und wir erhalten eine Unterrichtsstunde in Geschichte. Die *Trattoria* wurde in Erinnerung an ein Massaker an den Bürgern im Jahr 1472 benannt. Damals wurde die Stadt im Zuge einer Fehde zwischen den Medici und dem Herzog von Urbino gebrandschatzt. Worum es dabei ging, konnten wir nicht ergründen.

Auf der Speisenkarte finden wir die üblichen toskanischen Spezialitäten, aber auch Schweinelende mit schwarzen Oliven, Kaninchen in einer Knoblauchsauce mit *Vin santo* und Täubchen mit *Radicchio* und *Vin santo*. Wir bestellen marinierte Lammkeule *agrodolce* – süßsauer –, geschmort mit frischer Pfefferminze und Korinthen. Die Frau hatte Recht, und wir stoßen auf sie an. Als Nachspeise wählt Ed Schafkäse mit Honig, ich begnüge mich mit einem Espresso, der mich für den vor uns liegenden Nachmittag fit machen soll. Ich werfe einen letzten Blick auf die Speisenkarte und beschließe, wegen der *Gnocchi* mit Wildkräutern noch einmal wiederzukommen. Ed bedauert, den *Pecorino grigliato in camicia di pancetta* – gegrillten Schafkäse im Speckmantel – nicht probiert zu haben.

Man kann einen ganzen Tag durch Volterra schlendern und sich dabei an den Sehenswürdigkeiten erfreuen – den großen etruskischen Köpfen an der Porta all'Arco, den mittelalterlichen Turmbauten, den Kühle ausstrahlenden grünen und weißen Marmorplatten, den polychrom gefassten Holzstatuen im Dom, dem vergoldeten und versilberten Schnitzwerk und den zahllosen Kunstwerken aus Alabaster, Terrakotta, Mosaik und Schmiedeeisen. Meine Kamera hält Details von Marmorengeln fest, Schattenwürfe in den Gassen, einen besonders schönen Briefkasten und vieles mehr. Am Stadtrand stoßen wir auf ein römisches Amphitheater und die Rocca, die trutzige alte Burg aus dem 12. Jahrhundert. Volterra hat es seinen Feinden nicht leicht gemacht.

Wir leben in der Provinz Arezzo mit der gleichnamigen Hauptstadt – auch sie eine Gründung der Etrusker. Berühmt ist sie unter anderem wegen Piero della Francescas Freskenzyklus der Kreuzeslegende, dessen Restaurierung erst kürzlich abgeschlossen werden konnte. Auch der monatlich stattfindende Flohmarkt hat Arezzo weit über die Toskana hinaus bekannt gemacht.
Anfangs war ich von der Stadt nicht sehr begeistert. Im Zweiten Weltkrieg hat sie schwere Bombenschäden erlitten, und die Neubauten aus Beton wirken wie Fremdkörper. Für mich steht Arezzo für die jährlichen Behördengänge, die erforderlich sind, um meine *Permesso di soggiorno* – Aufenthaltsgenehmigung – zu erhalten. Und jedes Mal fehlt irgendein wichtiges Papier. So konnten wir Arezzo gar nicht schnell genug hinter uns bringen, und zu unserem Pech haben wir uns jedes Mal auch noch verlaufen.

Als ich die Piazza Grande in Arezzo zum ersten Mal betrat, war sie übersät mit Wandspiegeln, schmiedeeisernen Gittern, Bettgestellen und Gerümpel aller Art, das die Antiquitätenhändler hier ausgebreitet hatten. Inzwischen lasse ich keinen Flohmarkttermin aus. Auch auf Kupferstichen aus dem 18. Jahrhundert wimmelt der Platz von Kaufleuten – hier hat man zu allen Zeiten gehandelt und gefeilscht. Manchmal kommt es mir vor, als hätte es mich ins Mittelalter verschlagen. Doch wenn

Römische Ruinen in Volterra (rechts);
Wappensteine an der Fassade der Stadtbibliothek in Arezzo, über dem Eingang das große Wappen der Medici (nächste Doppelseite).

T

der Platz verlassen daliegt, zum Beispiel an manchem Dezembermorgen, bekommt man einen Eindruck von seiner Weite. Das leichte Gefälle führt zu einem Springbrunnen. Der Platz ist gerahmt von mittelalterlichen Häusern auf der einen Längsseite und Vasaris Arkaden, welche die Architektur des Aquädukts aufgreifen, auf der anderen. Die obere Stirnseite wird beherrscht von *Palazzi* und der Apsis von Pieve di Santa Maria aus dem 12. und 13. Jahrhundert – einer halbkreisförmigen Steintreppe, auf deren Stufen man sich ausruhen kann.

Arezzo ist eine Stadt in schnellem Wandel. Weinbars und Restaurants schießen wie Pilze aus dem Boden, desgleichen Mode- und Schmuckgeschäfte. Läden für Luxuswäsche oder Haushaltsgeräte sowie Konditoreien locken die Menschen aus dem Umland in die Stadt. Bei den zahllosen Antiquitätenhändlern und Restauratoren entdecke ich Dinge, von denen ich bisher nicht wusste, dass man sie kaufen kann: geschnitzte Wandvertäfelungen, vergoldete Altäre, Monstranzen, Wandspiegel von erstaunlicher Größe, Ausziehtische für bis zu dreißig Personen. Und dazwischen findet man Geschäfte mit Backwaren aller Art oder frischen Nudeln, dazu eine Fülle von Buchhandlungen, Geschäften für gehobenen Sanitärbedarf, Fliesen und Eisenwaren sowie winzige Läden für Spitzen und Knöpfe, Handtaschen und Süßwaren.

Arezzo ist eine wohlhabende und junge Stadt. Die meisten Bewohner scheinen unter dreißig zu sein. Wenn am Sonntag um fünf Uhr die zweistündige *Passeggiata* beginnt, wimmelt es auf der Flaniermeile von gut gekleideten jungen Leuten, die sich sichtlich gut amüsieren. Wir lassen uns mit dem Strom treiben, erst in die eine Richtung, dann wieder zurück. Die Aretini sind ein stolzer Menschenschlag, besonders die jungen, ihren etruskischen Vorfahren, deren Bildnisse an den Wänden der Grabkammern erscheinen, sehr ähnlich mit ihrem lockigen schwarzen Haar, den geraden Nasen, kräftigen Augenbrauen und der gesunden Hautfarbe, die wirkt wie weiße Glasur über rotbrauner Terrakotta. Hier sind sie wieder auferstanden, der Faun, die Göttin – nur trägt der Krieger eine Zigarette zwischen den Lippen.

In Bahnhofsnähe flankieren zwei Chimärenbrunnen die Straße. Es sind Rekonstruktionen eines etruskischen Bronzebrunnens (heute im archäologischen Museum in Florenz), den man 1555 in einem Graben gefunden hat. Das Fabeltier ähnelt vorn einem Löwen mit Hundepfoten und hinten einer Schlange. Aus dem gekrümmten Rücken ragt ein gehörnter Ziegenkopf. Man hat den Eindruck, als setze die einem Alptraum entsprungene Bestie jeden Augenblick zum Sprung an. Wessen Phantasie mag sie entsprungen sein? Kannte der etruskische Bildhauer die griechische Sage von Bellerophon, der ausgesandt worden war, eine ähnliche Kreatur zu erschlagen?

Neben den Urnen und ausgemalten Gräbern sind Tausende von Grabbeigaben, Spiegeln, Schmuckstücken, Hausgeräten und Werkzeugen ans Tageslicht gekommen, mit deren Hilfe wir uns ein Bild von den Menschen machen können, die einst diese Gegend bewohnten. Die Goldschmiedearbeiten in Arezzo und Cortona würden bei Cartier alles in den Schatten stellen, was in den Vitrinen glänzt und funkelt. Sinn für Humor und Verspieltheit sprechen aus so prosaischen Ge-

Dämmerung in Arezzo (links); Ladenschild in einer Straße in Arezzo (oben); die Büste Vasaris am Ende der von ihm errichteten Arkaden an der Piazza Grande und eine Bar mit Weihnachtsdekoration (Seite 82–83); Verkostung eines großen Brunello in Montalcino (Seite 86–87).

brauchsgegenständen wie Kohleschaufeln mit menschlichen Figuren oder Griffen wie Beine, und die kleinen Bronzetiere scheint man aus purer Lust an der Freude gestaltet zu haben.

Ich kenne nur wenige Kunstwerke auf der Welt, die sich mit Piero della Francescas Fresken im Chor von San Franceso messen können, aber auch in den anderen Kirchen Arezzos gibt es erstaunliche Malereien zu entdecken. In der Chiesa di Badia begegne ich in einer finsteren Ecke neben dem Eingang meinem Lieblingsheiligen Laurentius, dem Schutzpatron der Köche. Der junge Mann hält in der Rechten Buch und Federkiel und sieht aus wie einer der Jugendlichen in schwarzer Lederjacke draußen auf dem Corso. An seiner linken Hand lehnt der Gitterrost, auf dem er den Märtyrertod starb.

In einem etwas abgelegenen Teil des Doms entdecke ich ein weniger bekanntes Fresko Piero della Francescas, das Maria Magdalena darstellt und nicht weniger eindrucksvoll ist als seine *Madonna del Parto* in Monterchi oder die *Auferstehung Christi* in Sansepolcro. Maria Magdalenas Haar ist feucht; sie hat damit gerade die Füße des Herrn getrocknet, und diese Haltung demütiger Dienstbereitschaft am Nächsten spiegelt sich in ihrem Antlitz.

Es sind Momente innerer Beziehungen, nach denen ich suche, wie die Begegnung mit dem hl. Laurentius im schwachen Dämmerlicht des Kirchenschiffs, der genauso gut der Junge von nebenan sein könnte und dessen Gesichtsausdruck mir verrät, dass er noch viel hätte sagen können. Und Maria Magdalena – unmittelbar nach der Fußwaschung hat sie wieder zu sich gefunden, neue Erfahrungen gesammelt, und der Maler hat *sie*, nicht die Hauptfigur, in den Mittelpunkt seiner szenischen Darstellung gerückt. Piero, der auch literarisch tätig war, hat in seinem malerischen Werk den humanistischen Idealen seiner Zeit vollkommenen Ausdruck verliehen. Für seinen Zyklus der Kreuzeslegende sollte man sich mehrere Stunden Zeit nehmen. Die Restaurierung ist ausgezeichnet gelungen. Viele Jahre waren die Fresken hinter Planen verborgen. Mehrere Male durfte ich auf die Gerüste steigen. So konnte ich den gesamten Zyklus genau studieren, Gesicht um Gesicht, Pferd um Pferd, Landschaft um Landschaft. Die *Verkündigung Mariens* gehört zu Eds Favoriten. Es überragt an Qualität und Aussage die Interpretation des Themas in dieser Kirche von Spinello Aretino, der in Arezzo geboren wurde und wirkte und mit seinen kraftvollen Figuren beeindruckt.

Häufig besuchen wir das Museo Statale d'Arte Medioevale e Moderna. Hier begegnet man nur selten jemandem, aber es quillt über von wundervollen Dingen wie Statuen und Reliefs von den Stadttoren und -mauern. Man kann sie im Geist wieder an ihren ursprünglichen Platz zurückversetzen. In diesen Räumen lernt man auch das Werk Spinellos und dessen Sohnes Parri kennen und findet mittelalterliche Ansichten von Arezzo.

In einem Park stoße ich auf das Denkmal Guido Monacos, eines Aretiners, der das moderne Musiknotensystem erfunden hat, und in der Altstadt besuchen wir die Häuser Petrarcas und Vasaris. Büsten und Gedenktafeln erinnern an Schriftsteller, Maler und verdiente Bürger, Wappen zieren die Fassade der Stadtbibliothek, und selbst die Ladenschilder haben ihren Reiz. Wir spüren alle Drehorte von Roberto Benignis Film *La vita è bella* auf, kaufen Tischlampen mit Majolikaschirmen, kehren in den Cafés mit Einrichtungen aus dem 19. Jahrhundert ein, um Pistazieneis oder Zitronensorbet zu essen, das in einer ausgehöhlten Zitronenschale serviert wird. Es ist schon spät am Abend, als wir uns im L'Agania, einer der vielen

Carraturo

ausgezeichneten *Trattorie* in der Altstadt, zum Essen niederlassen. In Arezzo – wo sich die meisten Touristen nur Stunden aufhalten, könnte man Tage und Monate verbringen, ohne sich zu langweilen. Uns modernen Menschen läuft die Zeit davon – hier steht sie still.

Die Provinzhauptstadt Arezzo ist der strahlende Mittelpunkt einer ganzen Korona von einladenden Orten, die es zu entdecken gilt. Wenn man sich abseits der großen Straßen hält, zieht die abwechslungsreiche Landschaft des Casentino mit ihren romanischen Kirchen und blumengeschmückten Dörfern am Wagenfenster vorbei. Im nahe gelegenen Buriano, das meines Wissens in keinem Reiseführer erwähnt wird, steht eine römische Brücke, von der Kunsthistoriker annehmen, dass sie dem Maler der Mona Lisa die Vorlage für den Hintergrund lieferte. Wir erkunden die etwas weiter nördlich gelegenen Orte Bibbiena, Poppi und Stia. Nach Poppi windet sich eine schmale Straße hinauf. Sie endet in dem kleinen Dorf mit Arkaden, geschnitzten Türen und einem halsbrecherischen Pfad zur Burgruine aus dem 13. Jahrhundert, vor der eine große Büste Dantes steht. Unten ziehen sich die sanften Hügel des Casentino bis zum Horizont, und am Getränkestand im schattigen Park am Fuß des Bergfrieds erfrischen sich im Sommer die Familien, die in Scharen hierher kommen. Von Poppi kann man nach Camaldoli hinauffahren, dessen Mönchsklause 1012 erstmals urkundlich erwähnt wird. Die Apotheke aus dem 16. Jahrhundert finde ich am schönsten. Wir folgen den alten Pilgerpfaden und genießen die reine Luft. Im nahe gelegenen La Verna empfing der hl. Franziskus seine Stigmata. Man glaubt sich fern von Arezzo, aber die Entfernung ist gering.

Für die östlich von Arezzo gelegenen Orte Anghiari, Monterchi und Sansepolcro sollte man wenigstens einen Tag einplanen. Ebenfalls in der Nähe liegt Caprese Michelangelo im Zentrum eines landwirtschaftlich genutzten Gebietes. Im Herbst wimmelt es in den Wäldern von Trüffelsuchern. Die Fahrt mit dem Auto ist ein Vergnügen. Ed schaltet sich genüsslich durch die Gänge seines neuen Alfa. Bei Rassina und Tala stoßen wir auf Kirchen aus dem 12. Jahrhundert, und jene in Sovara ist noch älter. Ich möchte das Fenster öffnen und singen. Im Geburtsort Michelangelos legen wir eine Pause ein, machen einen Spaziergang und stellen uns vor, wie es während der Renaissance hier ausgesehen haben mag. Die Kirche, in der er getauft wurde, steht noch, und sein Geburtshaus ist hervorragend restauriert. Schade nur, dass man hier nichts von seinen Werken findet. Man hat sich mit Fotos und Kopien seiner Statuen begnügt, aber vom Künstler selbst oder seinen Eltern ist nichts vorhanden. Dafür stehen einige Werke zeitgenössischer italienischer Künstler auf dem Gelände – eigentlich keine schlechte Idee. Warum macht man nicht mehr daraus und bittet Künstler auf der ganzen Welt, eines ihrer Werke zu stiften? Ich stelle mir Hunderte von plastischen Bildwerken vor, wie sie die Wege säumen und Akzente in der Landschaft setzen.

Südlich von Arezzo liegen Cortona und das Val di Chiana, dessen Westrand sich nach Lucignano und Monte San Savino hinaufzieht. Lucignanos weitsichtige Einwohner haben den Ort vor aller modernen Hässlichkeit bewahrt. Der Ortskern bietet ein Bild harmonischer Geschlossenheit. Von oben gesehen bildet die Stadt eine Ellipse mit konzentrischen Gassen.

Bei der Anfahrt umrundet man die Stadtmauer. Vorspringende Steine der Mauer bilden Stufen, auf denen die Menschen zu ihren Häusern hinaufsteigen. Die Autos bleiben unten an der Mauer stehen. Mir schwindelt schon bei der Vorstellung, ich müsste meine Einkäufe eine solche Steige hinaufschleppen. Durch ein doppeltes Tor betritt man die Stadt zu Fuß. Hier könnte ich leben, schießt es mir durch den Kopf. Die Piazza del Tribunale ist ein Meisterwerk mittelalterlicher Stadtplanung. Sie wird beherrscht vom Palazzo Comunale, der das Museum beherbergt, und ist eingerahmt von hübschen Häusern mit Kübeln voller Pelargonien, gestärkten Vorhängen an den Fenstern und schönen, geschnitzten Türen. Bänke und Bäume säumen den Platz, auf dem man sich an Frühlingsabenden beim Spaziergang begegnet. Das nur drei Räume umfassende

Museum besitzt einen hl. Franziskus von Signorelli und eine vorzügliche Renaissance-Goldschmiedearbeit in Gestalt eines Baums mit Ästen aus Koralle und Reliquienbehältern als Anhänger. Meine eingangs bekundete hohe Meinung von den Einheimischen findet im Vorraum des Museums ihre Bestätigung. Hier hängen die Farbstiftzeichnungen von Erstklässlern nach einem Ausflug während der Olivenernte und zeugen vom hohen Einfühlungsvermögen der jungen Künstler. »Die sollen tatsächlich von Sechsjährigen stammen?«, fragt Ed verblüfft die Museumswärterin, die das überhaupt nicht ungewöhnlich findet. In diesem Alter habe ich selbst Strichmännchen und Mondgesichter gemalt.

San Francesco nebenan ist eine wunderschöne Kirche mit gedrehten Säulen, streifigem Travertin, einer steinernen Fassade und einem Portal, dessen verwittertes Holz die Farbe eines wolkenverhangenen Himmels angenommen hat. Drinnen schreckt ein Fresko mit dem *Triumph des Todes* den Besucher. Der Sensenmann hat schon einige Totenschädel eingesammelt und hält Ausschau nach dem nächsten Opfer. Draußen führen die gebogenen, peinlich sauberen Gassen an weiteren Kirchen vorbei zu den drei Stadttoren, hinter denen die Olivenhaine beginnen.

Monte San Savino jenseits der Hügel ist genauso altertümlich wie Lucignano, aber die Neubauten an der Peripherie – nicht gerade hässlich, aber gedankenlos in die Höhe gezogen – rauben ihm etwas von seinem ursprünglichen Charme. Und die *Piazza* im Zentrum dient als Parkplatz. Was für eine Schande! Die meisten größeren Orte in der Toskana haben inzwischen ihre Altstadt für den Verkehr gesperrt. Warum verschandelt Monte San Savino sein Stadtbild, obwohl es doch draußen genug Platz gäbe? Denkt man sich die Autos weg, sähe man eine weitläufige *Piazza* mit Zierbrunnen und Stadtturm.

Dennoch: Auch in Monte San Savino gibt es viel zu bewundern. Einen prachtvollen Glockenturm, einen Löwenbrunnen, eine bunte Fensterverglasung, eine geschnitzte Tür, ein Kloster. Durch Zufall stoßen wir auf die *Ex-sinugoga* und erfahren, dass sich exakt an dieser Stelle das jüdische Ghetto befand. Zweihundert Jahre lang blühte hier eine jüdische Gemeinde, bevor sie 1799 im Zuge einer Welle überbordender Marienverehrung aus der Stadt vertrieben wurde.

Die einstige Synagoge ist eine Ruine. Drinnen herrscht pechschwarze Leere. Die Kirchen in den anderen Gassen erstrahlen hingegen im Schein der Wachskerzen – selbst an einem Dienstagmorgen. Hier wirkte der berühmte Baumeister Sangallo, und von Sansovino stammen die Marktarkaden am Corso Sangallo, der für einen Ort dieser Größe ungewöhnlich breiten Hauptstraße. Auf dem Weg ins Zentrum liegen einige Antiquitätengeschäfte, die weniger wegen ihres Angebots bemerkenswert sind als vielmehr wegen des exzentrischen Gehabes ihrer Besitzer. Auf der anderen Stadtseite hingegen gibt es seriöse Händler mit Metallleuchtern, Gemälden, Keramikgeschirr und Möbeln zu vernünftigen Preisen.

Oft machen wir einen Abstecher zu den etwa eine Autostunde entfernten, wie verwunschen wirkenden Dörfern westlich von Cortona: San Quirico d'Orcia, Castelmuzio, Montisi, Trequanda, Asciano, Murlo und Buonconvento. Jeweils eines oder zwei davon sehen wir uns bei solchen Gelegenheiten genauer an. Meistens fahren wir nach Montalcino weiter, um die *Enoteca* in der Burg am Ortsende zu besuchen, wo wir die in der Gegend ausgebauten Brunellos degustieren. Wir fahren hinaus zum Kloster Sant'Antimo und lauschen den Gesängen der Benediktiner im fahlen Abendlicht, bevor wir in Poggio Antico im Il Pozzo, einer der vielen *Trattorie* in den Weinbergen, zum Essen einkehren.

Pieve di Corsignano bei Pienza (oben);
der Innenraum von Sant'Antimo in Montalcino bei einfallendem Sonnenlicht und das Säulenportal (nächste Doppelseite).

ROMANISCHE KIRCHEN

Der Baustil in der Toskana ist von der Renaissance geprägt. Die aus früherer Zeit stammenden, geheimnisumwobenen romanischen Kirchen fallen weniger auf, werden kaum erwähnt und selten besucht. Die in Stein gemeißelten phantastischen Tiere und Pflanzenmotive, die man an und in ihnen findet, scheinen heidnischem Brauchtum viel näher zu stehen als der christlichen Kunst. Die Romanik, genauer gesagt die romanische Kunst, dauerte ungefähr von 1000 bis 1150 und teilweise bis ins 13. Jahrhundert. Wenn ich auf einer Wanderkarte das Wort *Pieve* – Pfarrei – entdecke, steuere ich stets schnurstracks darauf zu. Selbst das prachtvolle Sant'Antimo wird häufig übersehen, weil es verborgen in den Hügeln liegt und das Vergnügen der Weindegustation in Montalcino verlockender erscheint.

Auf unseren Wanderungen außerhalb von Cortona stießen wir auf die Ruinen einer Kirche aus dem 11. Jahrhundert. Als wir eine runde Steinplatte an ihrem Eisenring anhoben, fiel das Sonnenlicht auf einen weißen Schädel und menschliche Gebeine unten in der Grube. Wie lange schon mögen sie hier geruht haben?

Als wir anderntags die Gegend bei Castiglione Fiorentino durchstreiften, entdeckten wir eine aufgelassene Kapelle mit Pfarrhaus. In den romanischen Türsturz über dem Eingang war eine liegende menschliche Gestalt von erstaunlicher Ausdruckskraft eingemeißelt.

Diese schlichten Gotteshäuser mit Rundapsis, Steinaltar und Glockenturm erinnern an die Ursprünge abendländischer Baukunst. Die Rundungen der Gewölbe lassen an die aus Lehmziegeln errichteten Backöfen und die *Melone*, die gewölbten Grabkammern der Etrusker, denken. Weil das Innere der meisten romanischen Kirchen schmucklos war, konnte sich die Spiritualität der Gläubigen frei entfalten, ohne von dekorativem Beiwerk abgelenkt zu werden. Für mich sind die *Pieve* aus romanischer Zeit Orte stiller Besinnlichkeit und innerer Erbauung.

Einige sehenswerte Sakralbauten und die nächstgelegenen Orte

Pieve di Corsignano, Pienza

Pieve di Badicorte, Marciano, Val di Chiana

Chiesa di San Michele, Cortona

Abbazia di Farneta, Val di Chiana, bei Cortona

Pieve Socana, Rassina

Pieve La Castellaccia, Tala

Pieve di Sovara, Sovara

Pieve di San Pietro, Gropina

Pieve de Santi Ippolito e Donato, Bibbiena

Collegiata und Pieve Maria Assunta, San Quirico

Pieve di Rofeno, Pievina, bei Asciano (wird derzeit restauriert)

Pieve di San Stefano, Cennano, bei Castelmuzio

Sant'Antimo, Montalcino

Wer war San Quirico? Das quirlige Städtchen, das seinen Namen trägt, präsentiert sich als lebhafte Palette von Fassadenfarben in Mimosengelb, gebrochenem Weiß, Ocker, gebrannter Umbra und Altrosa. Am oberen und unteren Ende der Hauptstraße, die nach Dante Alighieri benannt ist, stehen zwei prächtige Kirchen. Am Haupteingang zur Stadt ragt die *Collegiata* vor dem Besucher auf. Über dem Hauptportal haben sich zwei Drachen ineinander verbissen. Was immer sie im Sinn haben mögen – ein wenig makaber ist der Empfang in San Quirico schon. Auch die beiden kleineren Seitenportale der Kirche werden von Fabelwesen bewacht, doch haben sich diese in die Nischen der Rundbögen über den Türsäulen zurückgezogen. Die Leistungen der Steinmetzen sind bewundernswert.

Am Ende der Hauptstraße, gleich vor dem Stadtausgang, stößt man auf Santa Maria Assunta, eine kleine, aus Kalksteinblöcken errichtete Kirche aus dem 11. Jahrhundert, schlicht und unaufdringlich, mit einem Brunnen davor und einer katzenartigen Bestie über dem Portal, die gerade einen Menschen mit Haut und Haar verschlungen hat. Das rechte Bein hängt noch aus dem Maul. Das ehemalige Hospital aus dem 13. Jahrhundert auf der gegenüberliegenden Straßenseite, das jetzt als Wohnhaus dient, hat seit Jahrhunderten keine Maurerkelle mehr gesehen. Ich werfe einen Blick in den Innenhof mit dem Brunnen. Die Vorstellung, dass ein lebensvoller Mensch aus diesem Brunnen Wasser zieht, ist mir wesentlich angenehmer als Gedanken an Pestopfer oben im ersten Stock.

Zwischen den beiden Kirchen spielt sich das Leben ab: Bars mit Kartenspielern, Töpferwerkstätten, Haushaltswarengeschäfte mit gehämmertem Kupfergeschirr in der Auslage und vor sich hin dämmernde Straßencafés. Die *Piazza*, ein Rosengarten und die *Horti Leonini*, eine sorgfältig gepflegte Gartenanlage aus dem 16. Jahrhundert, sind ein Beweis dafür, dass San Quirico es auch heute noch gut mit seinen Schützlingen meint.

In Castelmuzio suchen wir immer als Erstes das Haus auf, das wir vor zwölf Jahren kaufen wollten. Die Besitzerin wartete auf ein Zeichen des Himmels – einen Blitzschlag vielleicht? –, ob sie verkaufen sollte. Das Zeichen blieb aus, und wir mussten abreisen. Wir fragen uns, wie es gewesen wäre, wenn wir uns hier niedergelassen hätten. Das Gehöft wirkt heute noch so verlassen wie damals. Ich glaube mich zu erinnern, dass es früher im Schatten einer mächtigen Eiche stand. In Castelmuzio kommt man sich vor wie auf einem Markt. Im Antiquitätengeschäft finde ich einen kleinen Wandspiegel und frage nach dem Preis. Fünfzehn Millionen Lire – oder wären mir Euro lieber? Weder das eine noch das andere. Fünfzehntausend Mark für einen Spiegel! Da bummeln wir lieber gemütlich von einem Ende der Stadt zum andern. Eine alte Frau mit einer Einkaufstasche voll Grünzeug zischt »*Facista*«, als sie an einem Mann mit Oberlippenbärtchen vorbeigeht. Die jüngste Vergangenheit ist noch sehr lebendig.

Die Stadtmauer von Montisi bildet das Fundament vieler Häuser. Das von uns gemietete sah aus, als wäre es aus der Wehranlage Stück für Stück herausgewachsen. Ich erinnere mich an Frederico, den Besitzer, der uns mit Honig und frischen Eiern versorgte und eines Nachts die Nachricht überbrachte, dass ein enger Freund unserer

La Collegiata in San Quirico (links); die gefräßige Bestie über dem Seiteneingang von Santa Maria Assunta in San Quirico (oben);
San Biagio und die Häusersilhouette von Montepulciano (nächste Doppelseite).

Familie in Kalifornien gestorben sei. Man hatte ihn zu Hause angerufen, und obwohl er kein Wort Englisch verstand, hatte er begriffen, worum es ging.

Die Landschaft ist lieblich. Hügel in sanftem Auf und Ab bis zum Horizont, wie von einer Riesenhand bedachtsam geformt. In der Ferne zeichnen sich die Umrisse der Dörfer ab – als stolze Bekrönung einer Hügelkuppe oder ängstlich in den Schutz des Hangs gedrückt. Jedes Einzelne zieht mich an – hin zu seinem Altar, Triptychon, Torbogen, gotischen Fenster oder steinernen Brunnen. Jedes Einzelne hat seinen ureigenen exzentrischen, freundlichen, rätselhaften Charakter, der es unverwechselbar und einmalig macht.

Nach Asciano kommen wir immer wieder zurück. Es ist ein ungemein liebenswerter Ort. Die beiden Brunnen auf der Hauptstraße lassen das Herz höher schlagen. Die Gassen überraschen mit Wandmalereien, die Maria mit dem Jesusknaben zeigen. Katzen schlafen auf der Motorhaube betagter Fiats, auf der *Piazza* streiten sich vier alte Männer.

Wir gehen an Blumengeschäften vorüber, an einem Laden für historische Kostüme, Schals und die Fahnen der *Contrade*. In der Corso Matteoti betreten wir einen mittelalterlichen Innenhof. Der Ziehbrunnen – er sieht aus wie jener im Ospedale in San Quirico – wird noch benutzt. »Wohnen Sie hier?«, frage ich die Frau, die mit einem Marktkorb aus dem Gebäude tritt. »Ja. Ist es nicht hübsch hier?«, entgegnet sie. »Wir dürfen nicht sanieren, weil wir keine Baugenehmigung erhalten.« Sanieren bedeutet hier so viel wie brutal modernisieren, ohne Rücksicht auf die alte Bausubstanz. »Mir gefällt es so, wie es ist«, fährt sie fort. »*E autentico.*« Auch wir freuen uns, dass der Gebäudekomplex nicht verunstaltet wurde. In diesen abgelegenen Dörfern überfällt mich manchmal das Gefühl, die Zeit körperlich

wahrnehmen zu können, als ergieße sie sich wie Wasser in heißen Sand.

In Kleinstädten suchen wir das Touristenbüro auf, weil wir dort häufig Leuten begegnen, die ihren Heimatort lieben. In Asciano stellen wir ein paar Fragen, worauf der Angestellte hinter sich absperrt und uns hinüber ins Museo d'Arte Sacra führt. Auf dem Boden liegen in Luftfolie verpackte Gegenstände von der Größe eines menschlichen Torsos. »Die Sammlung wird gerade mit der des etruskischen Museums in einem neuen Gebäude zusammengelegt«, erfahren wir.

»Wann?«, fragen wir, was in der Toskana nicht immer angebracht ist. Aber wir haben Glück und dürfen uns die Gemälde ansehen. Unser Begleiter hält sich im Hintergrund und informiert uns über Datierungen und Provenienz. Es sind nur wenige Tafelbilder, darunter einige von hoher künstlerischer Qualität. Vor der *Geburt der Jungfrau* erstarre ich wie beim Klang einer Sirene. Es ist eines der überwältigendsten und ansprechendsten Bilder, die ich kenne. Die Zuschreibung an Sassetta, einen meiner bevorzugten Künstler des Quattrocento, hat man inzwischen fallen gelassen zugunsten des Maestro dell'Osservanza. Eine Frau in gelbem Gewand hält die neugeborene Maria dicht ans Feuer, während eine weitere Frau daneben kniet und ein Wickeltuch zum Wärmen vor den Flammen ausbreitet. Durch den Türbogen tritt eine dritte Frau mit einer Schale Brühe und einem gebratenen Hühnchen als Stärkung für die Mutter. Am Bildrand liegt Anna im Bett. Man reicht ihr einen Kupferkessel mit warmem Wasser, damit sie sich waschen kann. Diese szenische Darstellung weckt Erinnerungen an die Geburt der eigenen Kinder und beschreibt eine ideale Umgebung mit menschlicher Wärme und Anteilnahme für ein Kind, das zum ersten Mal das Licht der Welt erblickt. Die Frauenfiguren sind von fast überirdischer Schönheit, bis auf die Mutter, die etwas grau und mitgenommen wirkt. Dem Gesamteindruck entsprechen die Gewänder in sanften Gelb-, Orange- und Korallentönen, das prägnante Muster der Bodenfliesen, die mit Fransen besetzten Halstücher, Handtücher und Schals. Eine winzige Engelsgestalt schwebt herein und bringt das Krönchen für das Neugeborene, das auf einer blauen Decke ruht.

An der Wand gegenüber vollzieht sich die *Anbetung der Hirten* von Pietro di Giovanni d'Ambrogio vor dem hügeligen Landschaftshintergrund, durch den wir auf der Herfahrt gekommen sind. Man könnte glauben, die Geburt Christi habe sich in einem Schuppen ganz in der Nähe ereignet. »Anstatt die Aufmerksamkeit wie üblich auf das Kind zu richten, wenden sich Maria und Joseph den Hirten zu«, erklärt unser Führer. Er hat Recht; hier wird die Geschichte anders geschildert.

Beide Bilder sind von erzählerischer Klarheit und Anmut. In einem staubigen Nebenraum hängt eine Leinwand mit dem Martyrium der hl. Agathe. Die perfekt geformten weißen Brüste wirken wie auf einem Tablett serviertes Schaumgebäck mit roten Kirschen darauf. Beim Hinausgehen erhasche ich einen Blick auf eine Madonna mit Kind von Duccio, ganz oben unter der Decke. Ich war mit den anderen Gemälden so sehr beschäftigt, dass mir ihr königliches Antlitz gar nicht aufgefallen ist.

In der Regel informiere ich mich aus Kunstbüchern und Reiseführern, bevor ich ein Museum besuche. Manchmal aber, wie hier in Asciano, überwältigen mich Gemälde, von deren Meistern ich noch nie etwas gehört oder gelesen habe. Immer wieder stößt man in der Literatur auf die bedeutenden Namen, aber mir persönlich bedeutet es mehr, das Werk eines unbekannten Künstlers für mich zu entdecken und mir dabei vorzustellen, es habe all die Jahrhunderte nur darauf gewartet.

Unser Begleiter winkt zum Abschied und erinnert uns daran, dass es hier *drei* sehenswerte Brunnen gibt, nicht nur die beiden prominenten. Er gesellt sich zu einer Gruppe von Freunden, die im Sonnenlicht plaudern. Auf der *Piazza*, im Schatten kleiner Bäume, entdecken wir

Mittelalterlicher Straßenzug in San Gimignano.

eine Konditorei. Bevor der mittägliche Ansturm einsetzt, kaufen wir uns eine Tüte voll knusprig-frischer *Brutti ma buoni* – was »hässlich, aber gut« bedeutet. Ich kenne keine besseren Kekse. Es gibt sie mit Schokolade oder Haselnüssen – also kaufen wir beide Sorten. Dazu *Ciaccini* – auf Blechen gebackenes Fladenbrot mit Salz – und hauchdünne Kartoffelpizza als Reiseproviant.

In Murlo müssen wir unbedingt Halt machen. So winzig der Ort ist, kann er doch einen mittelalterlichen *Borgo* mit unverfälschter Baustubstanz vorweisen. Und immer wieder stößt man auf etruskische Ruinen. Erst kürzlich hat man die Fundamente eines rechteckigen Gebäudes von fast 70 Quadratmetern Grundfläche ausgegraben, das mit mannshohen Terrakottaskulpturen verziert war. Noch kann niemand sagen, ob es sich um ein Heiligtum handelt, ein Wohngebäude oder ein öffentliches Bauwerk. In Murlo schweigt man sich darüber ebenso aus wie über die meisten anderen Dinge. Während der Mittagspause lässt sich keine Menschenseele blicken. Nur eine gefleckte Katze taucht kurz aus einem Gebüsch auf und verschwindet wieder. Wir locken sie mit einigen Stückchen Pizza, damit wir sie uns etwas genauer ansehen können. Ihr Fell zeigt ein Schildpattmuster aus Gelbgrau, Schwarz, Beige und Grüngrau, wie ich es noch nie gesehen habe. Vorsichtig nähert sie sich auf dünnen Beinen und wird dabei von einer langhaarigen weißen Katze beobachtet. Wir werfen beiden Stücke von unserer Pizza zu und vergessen auch den Hund nicht, der uns schon eine Weile mit eingezogenem Schwanz beim Essen zuschaut, so als würde er sich seiner Bettelei schämen. Katzen schämen sich nie.

Buonconvento, ein hoch ummauertes mittelalterliches Städtchen, besitzt in seinem Museo d'Arte Sacra eine Reihe von Gemälden der senesischen Malschule. Wir machen einen Spaziergang durch den Ort. Das einzige Jugendstilgebäude des Ortes wirkt in dieser Umgebung wie eine architektonische Entgleisung. Der *Forno* in der Via Grisaldi macht *Ossi di morti*, ein Gebäck aus Eischnee und Zucker. Beinhart, macht es seinem makaberen Namen alle Ehre. Irgendwie habe ich Geschmack daran gefunden, obwohl ich beim ersten Mal das Gefühl hatte, gebrannten Lehm zwischen den Zähnen zu haben. Die *Sospiri* – Seufzer – machen es mir viel leichter, denn das Mandelgebäck zergeht auf der Zunge. Der *Forno* ist auf senesisches Mandelbackwerk spezialisiert: *Ricciarelli* (Löckchen), *Cavallucci* (Pferdchen) und die schon erwähnten *Brutti ma buoni*, die hier etwas gefälliger aussehen als die in Asciano.

Ausflüge in die Landschaft der Toskana, für einen Tag, eine Woche, ein Jahr – wenn mir etwas fehlt, wenn ich etwas brauche, breche ich auf. Es ist eine Suche ohne Ende, mit neuen Erlebnissen und Eindrücken. Es sind nicht meine Erinnerungen, die mich hinaus ins Land ziehen, sondern eine Erinnerung, die weiter in Zeit und Geschichte zurückreicht, als ich mir vorstellen kann.

»Was hat dich heute am stärksten beeindruckt?«, frage ich Ed und erwarte, dass er sagen wird, das Bild von der Geburt Mariens mit den schönen Frauen in den hübschen Kleidern.

»Der Alfa, als er wieder aus der Waschstraße kam«, scherzt er. »Bist du nicht auch froh, dass wir den dunkelblauen genommen haben?« Männer!

Festumzug mit mittelalterlichen Kostümen in Murlo (oben);
vor der Osteria in Pienza (rechts);
lebendiges Treiben vor Todesanzeigen in Montepulciano (nächste Doppelseite).

PIAZZA
DI
SPAGNA
SETTE DI VINO!
OSTERIA
1

Corrado Del Toro

LA FESTA

Die Kunst des Feierns

Die Zeit weckt die Freude am Feiern
zum Dank für die Ernte und zur Ehre Gottes,
der uns vor Krankheit und Dürre bewahrt
und große Wunder vollbracht hat.

LA FESTA

Die Kunst des Feierns

Der Sänger und Schriftsteller Lorenzo Cherubini, genannt Jovanotti, lebt in Cortona. Alle seine Lieder stehen in den italienischen Charts ganz oben. Erst vor kurzem hat er wieder einen Hit gelandet – ein Wiegenlied für seine kleine Tochter Teresa. Das Lied »*Per te*« beginnt mit »Für dich«, und anschließend zählt er auf, was er ihr alles wünscht. »Die Julisonne scheint für dich, … und die Schulglocke läutet für dich, … und der 13. Dezember wartet auf dich, … und die Erdbeeren färben sich rot für dich, … und die Sterne leuchten für dich.«

Wenn ich dem italienischen Text aufmerksam zuhöre, erfahre ich außerdem, dass er seinem Kind *Sabato nel centro* wünscht, Samstag in der Stadt. Am Samstag findet in Cortona nämlich der Wochenmarkt statt, und der wird festlich begangen.

In Ninive und Babylon gab es Stadtplätze. Jede griechische Stadt hatte ein Forum, und die Römer übernahmen diesen Brauch. Viele Ortschaften in der Toskana haben vier Stadttore, und die Straßen münden auf die *Piazza*, die alles in einem ist: Kreuzung, Marktplatz, Wohnzimmer und Austragungsort von Festveranstaltungen.

In allen Orten, über die ich berichtet habe, findet ein Wochenmarkt statt, auf dem es alles zu kaufen gibt, von Nahrungsmitteln über Haushaltsgeräte bis zu Kleidung und Schuhen. Ich liebe die Markttage im September, weil dann auch Fässer, Netze, Körbe, Krüge, Trichter und Bürsten angeboten werden – Geräte, die man fürs Weinkeltern und die Olivenernte braucht. Auf dem Markt im nahe gelegenen Camucia gibt es eine zusätzliche Ausstellungsfläche für Traktoren. Die Männer kommen zu Hunderten, um zu schauen, zu prüfen und über die bevorstehende Ernte zu reden. Auch der Antiquitätenmarkt in Arezzo ist im September größer als sonst. Selbst ich schaffe es nicht, an allen Ständen vorbeizuschauen.

Die *Piazza* fordert geradezu zum Feiern auf. Während des Sommers und vor allem an Silvester strömen die Menschen zu den Konzertveranstaltungen im Zentrum. Uralte Wettkämpfe wie Fasslaufen und Jonglieren mit Bogen und Fahnen werden Jahr für Jahr abgehalten, auf Prozessionen an kirchlichen Festtagen werden Reliquien mitgeführt, Hochzeiten finden statt und historische Schlachten werden noch einmal geschlagen.

Festumzug der Bogenschützen in Cortona (Doppelseite 104–105); Iole Crivelli aus Cortona in einem mittelalterlichen Kostüm (links); der Festzug setzt sich in Bewegung (oben).

In Pienza dienen sogar Laibe aus Ziegenkäse als Spielsteine (oben); Ersilia Monacchini Briganti in ihrem neuen Stück »Bruder Sonne und Schwester Margherita« (unten).

Kinder in historischen Kostümen beim Fest der hl. Margherita in Cortona (oben); Kinder in einer Aufführung des Theaterstücks »Komm und feiere mit« (unten).

Die *Festa* ist keine Touristenveranstaltung. Die Mitwirkenden und Zuschauer sind mit Herz und Seele dabei. Beim Palio delle Contrade auf dem Campo in Siena ziehen Gruppen junger Männer singend und johlend durch die Straßen und versammeln sich in den Restaurants, um mit Sprechchören und lautem Tamtam auf sich aufmerksam zu machen – Fußball ist nichts dagegen. Kommt man am Tag vor dem eigentlichen Fest in die Stadt, wird man unweigerlich von der ausgelassenen Stimmung angesteckt und in die Wettkampflaune der *Contrade,* der Stadtviertel, hineingezogen, die sich gegenseitig zu überbieten suchen. Jede der siebzehn *Contrade* beteiligt sich mit einem Pferd, das in der jeweiligen Gemeindekirche gesegnet wird, und es gilt als gutes Omen, wenn es dabei einen Haufen Pferdeäpfel auf den geweihten Boden setzt. Fahnen werden geschwenkt, Wetten abgeschlossen und die Jockeys auf der Straße bejubelt. An den Tischen im Freien wird getafelt, und jedermann kann seine Loyalität mit einer der *Contrade,* die Namen haben wie Gans, Elefant oder Stachelschwein, bekunden. Das mittelalterliche Stadtbild Sienas wird zur Bühne eines patriotischen Schauspiels mit historischen Gewändern. Die alte Republik mit ihrem Bürgerstolz lässt grüßen. Mag der Jockey auch stürzen, Hauptsache, das Pferd geht als Erstes durchs Ziel.

Dann setzt mit ohrenbetäubendem Lärm die Musik ein, die zu diesem Anlass komponiert wurde. Wem das Bad in der Menge nicht zusagt, der kann das Ereignis auch in einer Bar am Fernsehschirm verfolgen und sich danach unters Volk mischen, das singend, jauchzend oder weinend durch alle Gassen zieht.

Einen Palio ganz anderer Art haben wir in Montepulciano Stazione miterlebt. Auf freiem Gelände vor der Stadt hat man um eine Kirche herum einen Parcours angelegt. Doppelte Matratzen an den Ecken des Gebäudes sollen verhindern, dass sich ein Reiter verletzt. Statt auf edlen Rossen wie in Siena sitzen die Jockeys auf Eseln, denen es bekanntlich an echtem Sportsgeist mangelt. Die Jugendlichen reiten ohne Sattel, dafür aber mit viel Hallo. Nicht wenige werden kopfüber abgeworfen, wenn das störrische Biest bockt.

Etwas abseits vom Mittelpunkt des Geschehens vergibt Ed die Chance, einen ganzen Schinken zu gewinnen. Jemand anders hat genauer geschätzt, wie hoch er hängt. Dank der Freigiebigkeit der örtlichen Winzer fließt der Wein in Strömen. Zwischen den Rennen zieht eine Blaskapelle in roten und weißen Uniformen über den Parcours. Die hübschen Tambourmajorinnen werfen die Stäbe in die Luft und schwingen die Beine. Wir wissen nicht, wer gewonnen hat, aber der Spaß war riesig. Allmählich verläuft sich die Menge. Das Abendessen wartet.

Zu den Festveranstaltungen eines jeden Ortes gehört wenigstens eine *Sagra,* das Fest eines bestimmten Nahrungsmittels. Ich habe gedruckte oder von Hand geschriebene Plakate gesehen, auf denen *Sagre* für Trüffel, für *Porchetta* (im Holzofen geröstetes Jungschwein), für Froschschenkel, Ziegen, Feigen, Pinienkerne, Käse und weiß Gott noch alles angekündigt werden. Am liebsten wäre ich zu allen gegangen – ausgenommen das Fest der Froschschenkel. In Cortona finden drei *Sagre* statt: die Sagra della Lumaca (Schnecken) im Frühsommer, die

Heraldische Fahnen der Seneser Stadtviertel (oben); beim Pferderennen in Siena (rechts).

Palio di Somari (Eselrennen) in Montepulciano Stazione (oben); freier Wein für jedermann (unten).

Musikalische Einlage zwischen den Rennen (oben); manchmal hilft gutes Zureden (unten).

Sagra della Bistecca am 14. und 15. August und die Sagra di Fungo Porcino (das Steinpilzfest) Ende August. Acht weitere *Sagre* hat das Umland zu bieten.

Gleich hinter dem Stadtrand findet in der Pfarrgemeinde von Cegliolo am Tag der Unbefleckten Empfängnis die Sagra della Ciaccia Fritta statt. In einem Schuppen sind zehn Frauen damit beschäftigt, Teig zu dünnen Fladen auszurollen und an Männer weiterzureichen, die sie in eine riesige Bratpfanne mit siedendem Olivenöl legen. Man isst das knusprige Fladenbrot heiß und mit Salz bestreut. Der Gemeindepfarrer lädt uns zum mittäglichen *Pranzo* ins Pfarrhaus ein. Eine alte italienische Volksweisheit sagt, man solle darauf achten, wo die Pfarrer speisen, denn die verstehen etwas vom Essen. Am langen Refektoriumstisch sind wir fünfundzwanzig Gäste: zehn Geistliche, wir und die Teilnehmer am Vortragswettbewerb im Rahmen der *Sagra*. Während eine Schar plaudernder Frauen die verschiedenen Gänge einen nach dem anderen aufträgt, beginnen die Laiendichter laut und mit ausdrucksvollen Gesten, ihre poetischen Ergüsse vorzutragen. Weil aber die Regeln vorschreiben, dass die Gedichte im Dialekt des Val de Chiana verfasst werden, verstehen wir nur Bruchstücke. Sei's drum, wir konzentrieren uns aufs Essen und schauen den geistlichen Herren zu, wie sie es sich schmecken lassen. Auf Platten mit *Antipasto* folgen zwei Pastagerichte, und an Fleisch gibt es gebratenes Hühnchen, Kaninchen, Ente und Kalb. Wir tun es den Priestern gleich, die nach jedem Gedicht das Besteck ablegen und laut applaudieren.

Die Festlichkeiten verteilen sich aufs ganze Jahr. Wenn keine *Sagra* stattfindet, wird im privaten Kreis getafelt, oder die Gemeinden veranstalten große Essen für achtzig bis hundert Personen. Freiwillige Helfer übernehmen die Bedienung der Gäste, und auch die Kinder müssen beim Servieren mithelfen.

An *Ferragosto* im August häufen sich die Einladungen. »Wie oft gehen Sie im August auswärts essen?«, frage ich Alessandra.

»Jede Nacht«, antwortet sie.

In der Toskana ist der Sonntag der wichtigste Tag der Woche. Am Samstag geht man einkaufen: frische *Pasta* und alles andere, was man am Sonntag braucht. »*Buona domenica*« hört man von allen Seiten. *Pranzo* am Sonntag bedeutet eine üppige Folge von köstlichen Gerichten in beschaulicher Runde und zuletzt ein *Espresso* am teilweise abgeräumten Tisch. Nach dem Essen begibt man sich ins Wohnzimmer oder setzt sich draußen auf die weinumrankte *Loggia*. Gegen fünf beginnt der allgemeine Aufbruch; denn jetzt wird es Zeit für die *Passeggiata*, den Spaziergang durch die Stadt. Nach einem Kaffee oder *Aperitivo* zieht man sich in die eigenen vier Wände zurück, um ein leichtes Abendessen einzunehmen.

Woher kommt es, dass die Italiener so gastfreundliche Menschen sind? Zum einen ist hier jeder Tag irgendeinem Heiligen geweiht. In anderen Ländern – auch katholischen – hat man das entsprechende Brauchtum fast vergessen, aber in Italien ist jeden Tag ein Namensfest. Oder er erinnert an ein vergangenes Ereignis, das im kollektiven Gedächtnis der Nation weiterlebt und die Einheimischen veranlasst, ihre historischen Kostüme und Instrumente aus dem Schrank zu holen. »Damals, 1401, haben wir den Senesen die Hucke voll gehauen«,

Zum Brotfladenfest »Ciaccia Fritta« sind alle eingeladen (oben); freiwillige Helfer sorgen dafür, dass beim Brotfladenfest in San Pietro a Cegliolo keiner zu kurz kommt (rechts).

irc
IMBALLAGGI ALIMENTARI
SINALUNGA (SI)
Tel 0577/660351

heißt es flapsig. »Das müssen wir feiern.« Irgendwann einmal, so ist überliefert, hat ein frommer Mann Pilger mit einem Kessel Suppe gespeist. »Warum kochen wir keine Minestrone und tanzen auf der Piazza?«

Manche Anlässe zu Festlichkeiten mögen in ihren Wurzeln bis in die Zeiten Catos und Varros zurückreichen. Denn deren Schriften über landwirtschaftliche Anbaumethoden beschreiben auch die Darbringung von Opfern an die Götter und preisen die Sitte, dem Schutzpatron des eigenen Hauses Respekt zu erweisen.

Die alten heidnischen Feste tauchen immer wieder auf, meist christlich verbrämt. So wird am Heiligen Abend vor dem Dom ein Freudenfeuer entzündet. An den vorangehenden Tagen sieht der Holzhaufen so trostlos aus, als warte er darauf, dass Savonarola ihn besteige. Als hier in vorchristlicher Zeit, lange bevor die etruskische Kultur entstand und Rom sich erhob, noch archaische Kulturen lebten, mögen sie um Weihnachten herum wohl auch Feuer angezündet haben, um die Wintersonnwende zu feiern als Verheißung von Licht und Wärme in den Tagen der Dunkelheit. Und auch heute noch kommen die Leute zum Feuer, um sich die Hände zu wärmen und die Nachbarn zu begrüßen. Die Zeit weckt die Freude am Feiern zum Dank für die Ernte und zur Ehre Gottes, der uns vor Krankheit und Dürre bewahrt und große Wunder vollbracht hat. Aber vielleicht geht es auch nur darum, etwas Geld aufzutreiben für die Fußballmannschaft oder die Nierentransplantation für ein zehnjähriges Mädchen.

In den meisten westlichen Ländern gibt es nur noch wenige Feiertage, und oft sind es keine guten Begebenheiten, derer man dabei gedenkt. Dieses Gefühl habe ich hier nicht, wenn ich am Tag des hl. Laurentius die Sternschnuppen am Nachthimmel beobachte. An den zusammengeschobenen Tischen gibt es Gänsebraten, geschmorte Zucchini und Pfirsichtorte. Jemand stimmt ein Lied an, ein anderer entzündet Wunderkerzen für die Kinder, und wir gehen hinaus in die Hügel und sehen Lichter, die lange vor unserer Zeit irgendwo geleuchtet haben. Viele Jahre musste ich auf das Vergnügen verzichten, den Namenstag meines Schutzheiligen, San Lorenzo, zu feiern. Heute ist der 10. August in meinem Kalender dick angestrichen.

Wir verlassen die *Piazza* und laufen Caterina in die Arme. »Wir haben denselben Weg, gehen wir ihn doch gemeinsam«, sagt sie. »Ich möchte noch *Tortellini* kaufen.«

»Für *tortellini in brodo*?«, frage ich. *Brodo* – Brühe – ist eines meiner Lieblingswörter; es klingt so kraftvoll und viel versprechend.

»*No, con salsa.*« Caterina erklärt mir, wie die leichte Tomatensauce zubereitet wird, und als wir vor dem Nudelgeschäft stehen, lädt sie uns zum Essen ein. Ich traue meinen Ohren nicht, denn wir kennen uns erst seit kurzem.

Wir verspäten uns ein wenig zum Mittagessen bei einer Familie, bei der wir schon dreimal in dieser Woche zu Gast waren. Man empfängt uns, als wären inzwischen Monate vergangen. Und wieder muss ich staunen.

Winterliche Tafelrunde mit Nachbarn in Bramasole.

HOTEL
S. MICHELE

NATALE

Unsere Gastgeber an diesem Weihnachtsfeiertag sind unsere unmittelbaren Nachbarn, die Familie Cardinali: Placido, Fiorella und ihre Tochter Chiara. Hinter der Tafel, die für fünfundzwanzig Familienmitglieder und zwei *Americani* gedeckt ist, brutzelt es im offenen Kamin: Geflügel und verschiedene Sorten Braten. Jüngstes Mitglied der fröhlichen Runde ist die einjährige Teresa, die ehrwürdige Großmutter der Sippe ist an die Neunzig.

Das Festmahl beginnt, indem Placido am Kopf der Tafel die Familienmitglieder willkommen heißt und einige der bedeutenden Ereignisse des Jahres aufzählt, worauf die Gäste applaudieren und ihm zutrinken. Die *Antipasti* werden aufgetragen: *Crostini* – geröstete Weißbrotscheiben – mit verschiedenem Belag, Gemüsesalat, *Vitello tonnato* – hauchdünn geschnittenes, kaltes Kalbfleisch mit Thunfischsauce. Dann folgen Fiorellas traditionelle *Tortellini in brodo*. Der Nudelteig schmeckt köstlich und leicht nach Muskat. Dass die Hühnerbrühe von »einer alten Henne« stammen soll, wie Fiorina behauptet, nehme ich ihr nicht ab. Placido hat im offenen Kamin Wildtauben, Hühnchen und Fasan im Speckmantel gegrillt. Nachdem er sie herausgenommen hat, legt er gut abgehangene Steaks auf den Rost. Immer wieder steht jemand auf, um einem anderen aus der Runde ein Geschenk zu überreichen, begleitet von Freudenrufen und Händeklatschen. Die Tante hilft beim Servieren. Nach einer Verschnaufpause und weiteren Geschenken machen wir uns über den Käse und die Zitrusfrüchte her. Am Ende wird der *Panettone* angeschnitten, eine Art Gugelhupf mit kandierten Früchten, manchmal auch mit weißem Zuckerguss, eine Art weihnachtliches Nationalgericht. Nicht weniger typisch ist *Serpentone*, eine große Teigschlange, gefüllt mit Mandeln und Nüssen. *Pan forte* ist ein gewürzter Kuchenfladen nach einem Rezept aus dem Mittelalter, *Torrone* erinnert an türkischen Honig mit Haselnüssen, und *Cantucci* sind gehaltvolle Mandelmakronen. Die Männer zünden sich Zigarren an, und Placido schenkt *Grappa* ein. Ich probiere *Liquori di anici*, einen Anislikör aus der vatikanischen Apotheke – und muss schnell ein Glas Wasser hinterhertrinken. Nach dem Essen geht's zum Fototermin hinaus in den Garten, und dann beginnt die Abschiedszeremonie des Küsschengebens. Ed und ich ziehen uns unauffällig zurück. *Buon Natale* – Frohe Weihnachten!

Crostini Toscana

Insalata Russa

Vitello Tonnato

Tortellini in Brodo

Colombaccio, Pollo Arrosto, Fagione

Bistecca alla Griglia

Spinaci, Sformato di Formaggio

Insalata Verde

Frutta Fresca e Formaggi

Panettone, Serpentone,
Pan Forte, Torrone, Cantucci

Cortona im weihnachtlichen Lichterglanz (links);
Aufführung des Theaterstücks »Komm und feiere mit« in Cortona (nächste Doppelseite).

ALZATURE
LORENZINI
CAPPELLI E OMBRELLI

Eds Crostini Neri

Geröstete Weißbrotscheiben mit Geflügelleber

Ich verrate nicht zu viel, wenn ich sage, dass das Eds Leibspeise ist. Der dunkle Belag der »schwarzen« Crostini ist eine Art feine Geflügelleberpaste. Das Rezept stammt aus der Toskana, wo diese Vorspeise bei keiner Festlichkeit fehlen darf. Ich wundere mich immer wieder, wie schnell die Crostini di fegatini verschwinden, egal wie viele Platten herumgereicht werden. Bestellt man gemischte Crostini, bekommt man neben den Fegatini auch solche mit Käse, Pilzen, Fisch oder Tomaten, aber die Fegatini stehen auf der Wunschliste der Toskaner ganz oben.

Unter dieser Vorspeise hat man mehr zu verstehen als kleine geröstete Weißbrotscheiben. Sie eröffnen das Ritual der Mahlzeit. In jeder Trattoria ist das so, und die Crostini leiten über zum Il primo aus Pasta, Risotto oder einer Suppe. Darauf folgt Il secondo, das Hauptgericht mit Fleisch und Gemüse. Zum Ausklang gibt es süße Nachspeisen, Dolci.

Wir lieben die Crostini caldi, die warm serviert werden, aber auch jene mit Käse, marinierten Tomaten oder einem mikroskopisch feinen Scheibchen schwarzer Trüffel. Wir können davon gar nicht genug kriegen, und manchmal sind wir schon satt, bevor die dampfende Pasta aufgetragen wird und das Hauptgericht. Bei den Crostini sollte man sich also unbedingt angewöhnen, »basta« zu sagen, es reicht – aber irgendwie zieht es die Hand eben doch immer wieder zum Teller, solange noch einige Crostini neri übrig sind. Und nachdem ich Ihnen den Mund wässrig gemacht habe, will ich Ihnen auch das Rezept verraten.

FÜR ETWA 30 STÜCK

2–3 Anchovis, frisch oder aus dem Glas
500 g Hühnerleber
2 EL Olivenöl
1 Rezept Odori (siehe Seite 188)
Salz und Pfeffer
120 ml Rotwein
2 EL Aceto balsamico
1 EL Kapern

Anchovis aus dem Glas in reichlich kaltes Wasser legen und dann auf Küchenkrepp abtropfen lassen. Die Hühnerleber waschen und trocken tupfen.

Das Olivenöl in einer Pfanne nicht zu stark erhitzen und die Odori darin dünsten. Nach 5 Minuten die Anchovis dazugeben und bei schwacher Hitze mitdünsten, bis sie zerfallen. Die Hühnerleber zu den Odori geben und von allen Seiten anbraten. Während des Bratens mit 2 Holzlöffeln in möglichst kleine Stücke zerteilen.

Nach 5–10 Minuten Garzeit die Masse salzen und pfeffern. Den Wein und den Essig angießen und das Ganze bei schwacher Hitze köcheln lassen, bis die Flüssigkeit weitgehend verdampft ist.

Zuletzt die Kapern dazugeben, kurz mitgaren und die Masse in der Moulinette zu einer feinen Paste verarbeiten. Auf gerösteten Scheiben von toskanischem Weißbrot warm servieren.

TIPP

Das Originalrezept sieht vor, die Lebermasse mit dem Wiegemesser zu hacken. Sie wird dann aber nicht so fein.

Silvias Tagliatelle all'Anatra

Tagliatelle mit Entensauce

Riccardo und Silvia Baracchi sind gute Freunde von uns. Ihnen gehört das außerhalb von Cortona idyllisch gelegene Gasthaus Il Falconiere. Ein Falke auf einer Stange heißt die Gäste in dem ehemaligen Gutshof willkommen. Die Hochzeit meines Neffen wurde hier gefeiert, und das Festessen fand im Garten statt, gleich neben der Kapelle aus dem 18. Jahrhundert, im Rosenhain auf der Terrasse, auf der sich ein herrlicher Blick auf die Stadtsilhouette von Cortona bietet.

Silvia und Riccardo sind glühende Verfechter toskanischer Esskultur und lieben ihr Anwesen, das vor ihnen einem Dichter und Falkner gehörte. Die Einrichtung haben sie nach ihren Vorstellungen umgestaltet. Im romantischen Gastraum des Il Falconiere fällt der Blick auf einen Wandteppich, der eine Dame zu Pferd zeigt, die einen Falken auf dem Arm trägt. Ich stelle mir vor, dass es Silvia selbst ist, die ihre Gäste durch die Menüs führt. Ihre Gerichte sind phantasievolle Experimente auf der Grundlage der traditionellen toskanischen Küche. Sie hält auch Kochkurse ab, aus denen das nachstehende Rezept stammt. Im Vergleich zu anderen toskanischen Nudelgerichten ist es etwas kompliziert, aber allemal die Mühe wert.

FÜR 8–10 PERSONEN

1 junge Ente (etwa 1500 g)
2 italienische Würste (Salsicce)
4 EL Olivenöl extra vergine
1 Rezept Odori (siehe Seite 188)
250 g Rinderhack
350 ml Weißwein, 1 Bund Petersilie
1 EL Pizzatomaten aus der Dose
1 EL Tomatenmark
Salz und Pfeffer
1000 g Pasta, vorzugsweise Tagliatelle oder Pappardelle
100 g Parmesan, gerieben

Die Ente in 4–6 Stücke zerteilen, das Fett entfernen und das Brustfleisch in kleine Stücke schneiden. Die Würste häuten und das Brät mit einer Gabel zerdrücken.

In einer großen Pfanne das Olivenöl nicht zu stark erhitzen und die Odori darin 10 Minuten dünsten. Die Entenstücke dazugeben und von allen Seiten anbraten. Schließlich das Entenbrustfleisch mit dem Wurstbrät und dem Rinderhack in die Pfanne geben und das Ganze bei mittlerer Hitze unter ständigem Rühren etwa 10 Minuten braten, bis das Hackfleisch krümelig und alles schön gebräunt ist. Nun die Masse mit dem Wein ablöschen und einkochen lassen, bis die Flüssigkeit weitgehend verdunstet ist. Inzwischen die Petersilie waschen, trocken schütteln und fein hacken. Die Pizzatomaten abgießen (den Saft aufheben) und zusammen mit dem Tomatenmark und der Petersilie unter die Sauce rühren. Diese zugedeckt etwa 1 Stunde köcheln lassen. Gelegentlich umrühren und bei Bedarf etwas Tomatensaft angießen.

Am Ende der Garzeit die Sauce abschmecken und bei lebhafter Hitze sämig einkochen. Die Entenstücke herausnehmen und alles beiseite stellen.

Einen großen Topf mit Salzwasser zum Kochen bringen, die Pasta hinein geben und unter gelegentlichem Umrühren al dente kochen. Inzwischen das Entenfleisch von den Knochen ablösen, grob zerschneiden und in der Sauce erwärmen.

Die Nudeln abgießen, gut abtropfen lassen, in die Pfanne geben und mit der Sauce vermischen. Das Ganze in einer vorgewärmten Schüssel anrichten. Den Parmesan getrennt dazu servieren.

Silvias Torta di Ricotta

Ricotta-Torte

Silvia Baracchi.

Für den Teig:
100 g Butter (weich)
6 EL Zucker
1 Ei
400 g Weizenmehl oder Weizenvollkornmehl
Prise Salz
½ TL Zimt, gemahlen

Für die Füllung:
450 ml Milch
Abgeriebene Schale von 1 unbehandelten Zitrone
4 Eier
150 g Zucker
Prise Salz
1 EL Mehl
500 g Ricotta, ersatzweise Quark (Sahnestufe)
4 Tropfen Backaroma Bourbon-Vanille

Die Butter und den Zucker in eine Rührschüssel geben und mit dem elektrischen Handrührgerät schaumig schlagen. Das Ei dazugeben und alles zu einer feinen Schaummasse schlagen. Die Hälfte des Mehls, das Salz und den Zimt unter die Schaummasse rühren. Das übrige Mehl auf den Teig sieben, das Ganze gut durchkneten und mindestens 1 Stunde in den Kühlschrank stellen.

Den Backofen auf 175 °C vorheizen. Den Teig zu einer runden Scheibe von ca. 35 cm Durchmesser ausrollen und eine Springform so damit auslegen, dass ein 5 cm hoher Rand entsteht. Den Teig mit einer Gabel mehrfach einstechen und im Ofen 15–20 Minuten backen.

Für die Füllung Milch und Zitronenschale in einem kleinen Topf bis zum Siedepunkt erhitzen – nicht aufkochen lassen – und beiseite stellen. 3 Eier in eine Rührschüssel aufschlagen, den Zucker dazugeben und alles mit dem elektrischen Handrührgerät zu einer feinen Schaummasse schlagen. Das Salz dazugeben, das Mehl darüber sieben und unter die Masse ziehen.

Ein Wasserbad vorbereiten. Die heiße Milch in die Eimasse rühren und die Creme im Wasserbad über siedendem Wasser 5–10 Minuten unter ständigem Rühren erhitzen, bis sie die Konsistenz von dicker Sahne hat, dann aus dem Wasserbad nehmen und auf Zimmertemperatur abkühlen lassen.

Den Ricotta durch ein Sieb in die Eicreme streichen, das übrige Ei und das Vanillearoma dazugeben und alles gut verrühren. Die Füllung auf den vorgebackenen Teig geben und die Torte weitere 25–35 Minuten backen.

Riccardos Limoncello

Zitronenlikör

Silvia und ihr Koch Michele Brogioni sind die unangefochtenen Meister der Küche, aber auch Riccardo leistet seinen Beitrag zum leiblichen Wohl der Gäste, insbesondere während der Jagdsaison, wenn er Freunde zu Spezialitäten wie Perlhuhn, Wachteln und Fasan einlädt. In den heißen Sommermonaten gießt er uns häufig ein Glas seines hausgemachten Limoncello ein, der wie prickelnde flüssige Morgenluft durch die Kehle rinnt. Limoncello ist ein in Süditalien heimischer Likör, der inzwischen im ganzen Land Verbreitung gefunden hat. Die Zubereitung ist einfach. Als wir mit Lucios Unterstützung Limoncello machten, gab er auch die Blätter unserer Zitronen zu der Mischung aus Alkohol und Zitronenschale. Dadurch wird die Farbe des Likörs etwas dunkler. Man kann das fruchtige Getränk in hübsche Fläschchen füllen und verschenken.

ERGIBT 2 LITER

8 reife, unbehandelte Zitronen
1 Liter 90%iger Weingeist
400 g Zucker
1 Liter stilles Mineralwasser

Die Zitronen so schälen, dass eine Schicht von der weißen Haut an der Schale bleibt. Die Früchte selbst können anderweitig verwendet werden. Die Zitronenschalen mit dem Alkohol in ein großes Gefäß geben, gut verschließen und etwa eine Woche an einem kühlen Ort ziehen lassen. Mehrmals am Tag leicht schütteln. Die leuchtendgelbe Farbe der Schalen verblasst mit der Zeit.

Den Zucker mit dem Mineralwasser unter Rühren erhitzen und 5 Minuten köcheln lassen, bis sich der Zucker restlos aufgelöst hat. Den Sirup abkühlen lassen.

Den parfümierten Alkohol durch ein Leintuch in den Sirup gießen und alles gut vermischen. Die Zitronenschalen wegwerfen. Den *Limoncello* 2–3 Tage ruhen lassen. Gut durchschütteln und nach Belieben in Flaschen abfüllen. Als *Aperitivo* eiskalt servieren.

Riccardo Baracchi schenkt sich den ersten Probeschluck seines Limoncello ein (links); sommerliches Abendessen im Il Falconiere, im Hintergrund die Stadt Cortona (folgende Doppelseite 130–131)

IL CAMPO

Das Feld

Die Toskana ist vom Menschen geprägt. Zwar gibt es noch einige Flecken unberührter Natur, aber der weitaus größere Teil ist geformt von jahrtausendelanger Kultur. Liest man die Zeichen der Landschaft, erzählen sie die Geschichte der Menschen, die hier gelebt haben.

IL CAMPO

Das Feld

Aus Eds Tagebuch:

Als Giorgio mich am Flughafen von Florenz abholt, ist er überrascht, dass ich allein aus dem Zoll komme.

»*Solo?*«, fragt er.

»Ja. Frances musste sich um einige Dinge in San Francisco kümmern, und ich habe mich entschlossen, vorauszufliegen.«

Er hebt die Augenbrauen, aber als ich »Wegen der Oliven« sage, nickt er verständnisvoll. Diese Antwort genügt ihm und beantwortet seine unausgesprochene Frage.

»*Ah, sì*«, meint er, als wir zu seinem Wagen gehen. »Ich war den ganzen Vormittag mit Vater und Mutter zum Pflücken draußen. Ein sehr ertragreiches Jahr. Alle sind mit der Ernte beschäftigt. Ein Bekannter rief im Rathaus an, weil er einen Termin mit dem Bürgermeister vereinbaren wollte, und man sagte ihm, er solle nach Einbruch der Dunkelheit noch einmal anrufen. Der Bürgermeister ist auch auf seinem Land.«

Ich bemerke die hellgrüne Färbung seiner rechten Hand, als er herunterschaltet, um einige Lastwagen zu überholen. In einigen Tagen werde ich mich angepasst haben, aber jetzt, da die Tachonadel bei 150 km/h zittert, ziehe ich meinen Sicherheitsgurt fester.

Ich lasse das Gepäck in der Diele stehen, schlüpfe in meine Arbeitskleidung und gehe hinaus zu einem der kleinen Olivenbäume. Um den Bauch habe ich mir einen *Cestello* – Weidenkorb – geschnallt. Ich ziehe die jungen, geschmeidigen Zweige einen nach dem andern herunter.

Bei Tagesanbruch wird Beppo, der Meister der Oliven und Weintrauben, kommen, um mir zu helfen. Unterdessen erinnere ich mich an einen Herbst während der Semesterferien, als ich auf einer Obstplantage bei Iowa City, wo ich damals wohnte, Äpfel pflückte. Schon bei Tagesanbruch war ich auf den Beinen und pflückte, bis es zu dunkel wurde. Der Besitzer der Plantage, der Englisch mit holländischem Akzent sprach, verfütterte die Falläpfel an seine Pferde. Seine Frau kam mehrmals am Tag heraus und brachte den Erntehelfern etwas zu essen und – was wohl? – Apfelsaft. Nach einer kurzen Pause waren wir gleich wieder oben in den Baumkronen. Nach einigen Wochen hing kein Apfel mehr am Baum. Von zu Hause holte ich mir Robert Frosts Gedicht »Nach der Apfelernte« und las es beim Ernteabschlussfest vor. Dieses Schlüsselerlebnis geht mir nicht aus dem Sinn, denn ich hätte mir nicht träumen lassen, dass ich einmal auf einen Olivenbaum in der Toskana steigen würde.

Heuernte bei Pienza (vorhergehende Doppelseite 132–133);
Ed und Beppo beim Olivenpflücken (links);
das uralte Ritual der Olivenernte (oben und folgende Doppelseite).

Oliven pflücken ist wesentlich anstrengender, als Äpfel vom Baum zu holen. Diese Erfahrung machte ich gleich beim ersten Mal. Die Früchte sind so klein und hängen noch dazu ganz außen, wo man so schlecht an sie herankommt. Man muss sich gefährlich weit vorbeugen und den Arm ausstrecken, so weit es geht, um an die letzte Olive an der höchsten Astspitze heranzukommen.

Als Erstes möchte Beppo meine *Fustini* sehen, die Kanister aus Edelstahl für das gepresste Öl. Er schaut hinein und sieht die Rückstände der Vorjahresernte. »*Morchia*«, brummt er. Damit meint er den dickflüssigen, samtig glänzenden Bodensatz. »Oh, Professore, Sie müssen das Öl im Frühjahr abgießen, nachdem sich die Schwebeteilchen gesetzt haben«, klärt er mich auf.

Selbst ein Professor kann noch was lernen, denke ich. »Kann man das noch verwenden?«

Bauern haben für alles eine Verwendung. »Sie können die *Morchia* in ein Fass gießen«, rät er mir, »und harten *Pecorino stagionato* – alten Schafskäse – darin aufweichen. Wickeln Sie ihn vorher in Walnussblätter.« Leider habe ich keinen alten Schafskäse.

Wir reinigen die *Fustini* mit Essig und einer Bürste mit langem Stiel, die speziell für diese Aufgabe hergestellt wird. Nachdem wir sie mit heißem Wasser ausgespült haben, stellen wir sie zum Trocknen in die Sonne.

Für die größeren Bäume brauchen wir Leitern. Wenn Frances hier ist, nimmt sie sich die unteren Zweige vor, während Beppo und ich auf den Leitern stehen. Bei kaltem Wetter bringt sie uns heiße Schokolade zum Aufwärmen. Beim Pflücken unterhalten wir uns. Oliven lösen die Zunge, genauso wie der Wein.

Beppo findet das Wetter *bello*. »Das ist die richtige Zeit«, sagt er.

Terrassenförmig angelegte Olivenhaine unterhalb von Bramasole (links);
Oreste mit zwei seiner handgefertigten Leitern und Weidenkorb (oben).

Er hat einen Freund, der die einfachsten Leitern macht, die man sich vorstellen kann. Er sägt einen schlanken, geraden Baumstamm der Länge nach durch und verbindet die beiden Hälften mit Sprossen, die er aus den Ästen herausgeschnitten hat. Die Leiter ist lang genug, um an die meisten Äste heranzukommen, und so leicht, dass man sie bequem tragen kann: Einfach den Arm zwischen den mittleren Sprossen durchstecken, und man hat sie im Gleichgewicht auf der Schulter.

Ich hatte immer geglaubt, dass nur das Essen in der Toskana von den Jahreszeiten bestimmt wird. Inzwischen weiß ich, dass auch die Unterhaltung sich danach richtet. Jede Jahreszeit hat ihr eigenes Vokabular. Im März und September heißt das Thema »Olivenbäume beschneiden«, von Dezember bis in den März dominiert die »Angst vor Nachtfrösten«, im Februar geht es um »natürliches Düngen« und mehrmals im Jahr ums »Pflügen unter den Bäumen«. Wer in der Toskana ein Gespräch in Gang bringen will, muss über Oliven reden.

Jetzt, im Spätherbst, dreht sich die Unterhaltung um das Wesentliche: die Ausbeute an Öl – wie viel *Quintali* (100 Kilo) Oliven ergeben wie viel Liter Öl, und wo liegen Vorzüge und Nachteile jeder einzelnen *Frantoio*, in der die Oliven gepresst werden.

Wir arbeiten mit *la Tela*, dem Netz, das so geschnitten ist, dass man es leicht um den Baumstamm legen kann. Aus der Ferne sehen die großen Netze aus wie Wasser oder Wolken. Jetzt können wir die Oliven mit beiden Händen von den Zweigen streifen. Beppo erzählt von Ugo, der vor zwei Jahren von der Leiter stürzte, mit dem Kopf auf einen Baumstumpf schlug und an den Folgen starb. Wir nehmen uns in Acht; Oliven pflücken ist nicht ungefährlich. Doch die Arbeit wird zur Routine. Ich gebe mir Mühe, aber Beppo ist flinker. Nachdem wir einen Baum abgeerntet haben, ziehen wir das Netz vorsichtig mitsamt den Oliven zum nächsten. Wenn es zu schwer wird, füllen wir die Früchte in einen Jutesack, in dem sie Luft bekommen. Zu zweit scheint die Arbeit drei- oder viermal schneller zu gehen; hundert Kilo schaffen wir am Tag. »Wie die *Pescatori*«, meint Beppo, als wir wieder einmal das Netz einholen.

Mit einundzwanzig Jahren erfuhr ich, wie ausgeglichen man ist, wenn man in den Kronen der Apfelbäume arbeitet. Das Pflücken macht müde, aber es ist eine gesunde Müdigkeit. Neue Kraft fließt in die Daumen und Zeigefinger beider Hände. »Starke Hände halten die Gabel fest«, zitiert Beppo eine alte Bauernweisheit.

Wann könnte Pasta besser schmecken als nach einem ausgefüllten Tag unter den Olivenbäumen, die mir vergangenes Jahr das Öl bescherten, mit dem ich heute *Trito* zubereite, eine Sauce aus Zwiebeln, Sellerie, Petersilie und Knoblauch?

Gegen fünf, wenn es dunkel wird, fahre ich in die Stadt. Mit dem Schneider unterhalte ich mich über Oliven, während er bei der Anprobe Korrekturen an meiner neuen Hose vornimmt. »Ihr Öl gehört zum besten in der Region«, sagt er. »Je weiter oben die Bäume stehen, desto besser ist das Öl, und Bramasole liegt fast 700 Meter hoch.« Die Obergrenze für Olivenbäume in diesem Teil der Toskana liegt knapp unter 1000 Meter; weiter oben wachsen nur noch Kastanien und Pinien.

»Die Oliven aus dem Tal sind dicker und fleischiger – unsere oben bei Bramasole sehen etwas kümmerlich aus; denn die Bäume wachsen auf steinigem Boden und

Momentaufnahmen während der Olivenernte nahe Cortona (links);
Terrakotta-Fässer für Olivenöl im Weingut Avignonesi (oben).

bekommen weniger Wasser als die unten im Tal. Außerdem müssen sie dem Frost widerstehen.«

»Aber das Öl ist gehaltvoller und leichter verdaulich«, antwortet er. »Und weil Sie so spät im Jahr ernten, schmeckt es auch besser.«

Ich beschließe, zum Abendessen in der Stadt zu bleiben. In der Osteria del Teatro gibt mir Ylenia ein Fläschchen mit ihres Vaters Öl aus dem Val di Chio unterhalb von Cortona. Es schmeckt würzig und fruchtig. Schwer zu glauben, dass Öl aus höheren Lagen besser sein soll. Am nächsten Tag bringt Giorgio eine Flasche Öl aus seiner eigenen Produktion. Das Land, das er zusammen mit seinem Vater bewirtschaftet, liegt ebenfalls unten im Tal. Auch dieses Öl ist ausgezeichnet und von ausgeprägtem Charakter. Immer wieder höre ich »*nuovo olio*« – und alle sind gut.

Als Frances eintrifft, sind wir fast fertig. Einen Baum haben wir für sie aufgehoben. Als sich Beppo oben in der Krone weit vorbeugt, neigt sich der Stamm, und die Wurzeln brechen durch die Erdoberfläche. Wir richten den Baum auf und hoffen, dass er wieder anwächst. Dann haben wir es geschafft. Es wird auch höchste Zeit, und wir machen uns auf den Weg in die *Frantoio*. In der ganzen Umgebung sind wir die Letzten.

Wir lassen unsere Oliven in Mezzavia bei Landi pressen, der noch auf althergebrachte Weise arbeitet. Zwischen großen Steinen werden die Früchte zerquetscht und dann kalt gepresst. In einer Ecke des Raums wird – hier wie in allen anderen Ölmühlen – auf einer Feuerstelle *Bruschetta* zubereitet – geröstetes Brot zum Verkosten des neuen Öls. Man kann es kaum erwarten, bis es so weit ist. Und wenn die Leute mit ihrem Öl nach Hause fahren, sind sie davon überzeugt, das Beste in der ganzen Toskana zu haben.

Wir gehen auch deshalb zu Landi, weil Beppo mit dem Besitzer der Mühle die Schulbank gedrückt hat. Der alte Herr hat sich zur Ruhe gesetzt und berät seinen Sohn, der das Familienunternehmen leitet. Während der Olivenernte geht es hier zu wie auf der *Piazza*. Die Männer diskutieren über die Ernte, erkundigen sich nach dem gegenseitigen Befinden und berichten aus dem Familienkreis. Auf der Rampe stapeln sich Kisten oder rote Kunststoffkörbe mit Oliven. Durchs eine Tor werden die Oliven hineingeholt, durchs andere wird das Öl herausgereicht. Ich kenne kaum einen Anblick, der mir größere Befriedigung bereitet, als das hellgrüne Öl in die Edelstahlkanister fließen zu sehen. Beppo und ich schleppen die beiden Behälter hinaus – in jedem gluckern 30 Liter kostbares *Extra vergine*.

Zum Abendessen trägt Frances eine Platte mit *Bruschette* auf. Sie hat von den Einheimischen gelernt und taucht das Brot ins Öl, anstatt nur einige Tropfen darauf zu träufeln. Um glücklich zu sein – das habe ich hier gelernt – bedarf es nur wenig: Man schiebt die Hand zwischen die silbrig schimmernden Zweige, um nach den schwarz glänzenden Früchten zu greifen, Daumen und Zeigefinger schließen sich um eine Olive, brechen sie vom Zweig und lassen sie fallen. »Spann einen Stern vor deinen Wagen«, heißt es philosophisch bei Ralph Waldo Emerson. Hier ist es die Olive.

Auf der Terrasse von Bramasole probieren wir Giorgio Zappinis Olivenöl aus der neuen Ernte (oben); frisch gepresstes Olivenöl ist grünlich und trüb (rechts); Ölbaumterrassen nahe Terquanda (nächste Doppelseite); Eds Arbeitsschuhe (übernächste Seite).

Tagesablauf in Bramasole: aufstehen bei Morgengrauen, Gummistiefel anziehen, die letzten Reste Schlaftrunkenheit beim Abschneiden der verblühten Rosen abschütteln, Kübelpflanzen wässern, Gemüsegarten inspizieren. Vor dem Aufbruch aufs Feld werfe ich einen Blick aufs Spargelbeet, streiche mit den Fingern über die Tomatenblätter, deren würziger Duft noch eine Weile auf der Haut haftet. Der *Finocchio* – Fenchel –, den Frances im September gepflanzt hat, ist reif für die Ernte. Noch im Frühwinter können wir uns aussuchen, welches Gemüse wir an diesem Tag ernten wollen. Ich grabe zwei Kilo Kartoffeln für *Gnocchi di patate* aus, schneide etwas Thymian und Petersilie sowie einige Stangen Sellerie, nehme die äußeren Blätter vom *Cavolo nero* – Rotkohl – für die *Bruschetta* ab. Das reicht für eine Mahlzeit. In der Speisekammer hängen Zöpfe mit Knoblauchknollen und Zwiebeln am Nagel, daneben getrocknete *Peperoni* und Kräuter.

Espressopause mit einer Hand voll Kirschen oder Feigen. Anschließend mit der Machete die wilden Robinienschösslinge abschlagen, bündeln und zum Haufen der anderen Ästen tragen. Auf der Terrasse, die Giorgio gerade umgepflügt hat, alle Steine einsammeln, die größer als ein Pinienzapfen sind – und die Pinienzapfen natürlich auch. Freude überkommt mich und ein Tagtraum von einem meiner polnischen Vorfahren, der als Knecht auf einem Gutshof bei Danzig gearbeitet hat. *Braver Junge*, sagt er.

Giorgio und ich haben uns über Traktoren unterhalten, besonders über ein Modell, das genug Leistung bringt, um eine *Fresa* – Bodenfräse – zu ziehen, mit der sich die Furchen leichter einebnen lassen. Giorgio ist ein geschickter Fahrer und lenkt den kleinen Traktor elegant um Biegungen und Bäume. Wenn er dicht am Rand der Terrasse entlangfährt, wird mir immer mulmig. Wir messen Breite und Länge der unteren Terrasse aus. Nach seinen Berechnungen könnten wir hier etwa 300 Rebstöcke pflanzen. Eines Tages zu den Winzern der Toskana zu gehören, erscheint mir eine verlockende Perspektive.

Ich beschließe, Giorgios Rat zu befolgen und einen neuen Traktor zu kaufen. Vielleicht einen Lamborghini? Auf den Feldern habe ich schon welche gesehen und mich gefragt, ob es sie wohl auch in Rot gibt. Eine Probefahrt auf der *Autostrada* im Windschatten eines Ferrari wäre eine verlockende Vorstellung. Ob er wohl stark genug ist, den Boden in unserem Olivenhain in einem Zehntel der Zeit umzupflügen, die wir jetzt dazu benötigen?

Aber Giorgio winkt ab. Er schwört auf Pasquali – auf die Werkstatt in Camucia sei Verlass und auch für den Ölwechsel müsse kein Formel-1-Team bereitstehen. Die Pflugschar bricht die Erde auf, und kleine Staubwolken ziehen mit dem Wind davon. Ich bin für die Entrümpelung zuständig. Wenn Giorgio einen Felsbrocken zu Tage fördert, muss ich ihn aus dem Weg schaffen. Später schleppen wir ihn gemeinsam zu dem Haufen Feldsteine, die wir zum Errichten und Ausbessern der Terrassenmauern brauchen.

Zeit für *Spuntino* – Brotzeit. Marmeladenbrote. Erdbeeren. Einige Scheiben Salami. Der *Decespuliatore* – die zweirädrige Unkrautfräse – wird aus der Scheune geholt und mit *Miscela* – dem Zweitaktgemisch aus Benzin und Öl – aufgetankt. Als ich an der Schnur ziehe, um den Motor anzuwerfen, habe ich das Gefühl, mir dabei das Schultergelenk auszurenken. Beppo startet den Motor mit einem Zug, und ich bin froh, dass er nicht hier ist und meine Flüche hört.

Auf der obersten Terrasse, die brach liegt und auf der nur Schlangen leben, fange ich an. Zwei Kirschbäume sind von Efeu überwuchert, der sie zu ersticken droht. Das werde ich zu verhindern wissen. Ich hasse Efeu in jeglicher Form. Die abgeschnittenen Ranken lasse ich auf dem Boden liegen. Morgen werde ich sie mit der Heugabel einsammeln und den Ballen zum Komposthaufen schleppen.

Pranzo. Der Duft des Ragouts steigt mir in die Nase, als ich an der Handpumpe den Dreck von den Gummistiefeln wasche. Nach dem Essen, wenn die Sonne vom Zenit nach Westen zu wandern beginnt, lege ich eine Ruhepause ein und lese *Quattroruote* – Vier Räder – einen Gedichtband von Martial. Im Liegestuhl auf der Veranda nicke ich ein.

Um drei greife ich nach der Kettensäge und mache Kleinholz aus den unteren Ästen der Pinien und Fichten, die Beppo und sein Schwager Armando vergangene Woche abgesägt haben. Dann schichte ich das Holz auf. Das Schneiden der wilden Triebe an den Olivenbäumen ist eine Sisyphusarbeit; kaum ist man fertig, geht's von vorn los.

Beppo kommt mit acht Flaschen Rotwein – unsere erste Ernte! Die Rebstöcke auf dem Anwesen waren 30 Jahre vernachlässigt, aber der Rückschnitt und die Gedichte, die ich ihnen vortrug, brachten sie wieder dazu, Früchte zu tragen. Als wir im September abreisten, sahen wir die Trauben reifen – nicht viele, aber immerhin. Beppo hat sie zu seinen gegeben und bringt uns jetzt unseren Anteil. Er lässt seinen Wein im Fass reifen und zieht ihn dann in einer sternklaren Nacht bei abnehmendem Mond auf Flaschen. »*Buono*«, urteilt er, und es stimmt. Ich habe zwar nicht vor, mit Vino Nobile ein Geschäft zu machen, aber auf den tiefer gelegenen Terrassen Rebstöcke anzupflanzen, scheint verlockend.

Und warum auch nicht? In Italien gibt es über eine Million Weinberge, von denen die meisten einen bis höchstens zwei Hektar groß sind. Jeder, der ein Stück Land sein Eigen nennt, baut ein paar Reihen Rebstöcke an, die so viel Wein liefern, dass es gerade mal für die Familienfeste reicht. *Vite* ist das italienische Wort für Weinrebe, und es befindet sich phonetisch in unmittelbarer Nachbarschaft zu *Vita*, das Leben – ganz abgesehen davon, dass in diesem Hügelland Wein angebaut wird, seit die ersten Menschen hier sesshaft wurden.

Für heute sollte ich Schluss machen. Ich muss noch Empfehlungsschreiben verfassen, Vorschläge zu Referaten überdenken, für eine bereits eingeplante Vorlesung recherchieren – alles Dinge aus meinem anderen Leben, das zehntausend Kilometer und Quantensprünge von hier entfernt abläuft.

Während des Abendessens schmieden wir Pläne mit Placido, dem das Land gehört, das an unser Grundstück anschließt. Als es zu Lebzeiten seines Vaters noch ein Weinberg war, wurde hier ein ausgezeichneter *Vino da tavola* angebaut, und zwar von *Sangiovese*-Trauben, die heute wieder zu den beliebtesten Sorten in der Weinkultur gehören. »Bauen wir sie doch auch an«, sagt er und verkostet den Wein, den Beppo aus unseren Trauben gekeltert hat. Er hat die Farbe von Frühjahrsveilchen und duftet auch so. Dabei ist doch unerheblich, dass der Großteil der Trauben von Beppos Seite des Hügels stammt. Es ist dieselbe Sorte, und wir diskutieren noch lange über die Möglichkeiten, die uns der Anbau dieses dunkelroten, fruchtigen Weins bieten könnte.

Schilder auf dem Land, nach denen man Ausschau halten sollte – Direktverkauf von Wein und Öl (links);
Landarbeiter auf dem Weingut Trerose zwischen Cortona und Montepulciano (oben);
Nello dekantiert seinen Sfuso – offenen Wein (nächste Doppelseite);
Landschaft bei Cortona unter der Abendsonne (übernächste Doppelseite).

Paolo Trappolini, Kellermeister des Weinguts Avignonesi (links);
zum Trocknen eingelagerte Trauben für Vin santo auf dem Weingut Avignonesi (oben).

PORCINI

Schweinchen

Porcino – Schweinchen – heißt der Steinpilz auf Italienisch. Nach den schwül-heißen Hundstagen lockt der Regen frisches Grün aus den ausgedörrten Hügeln. Die *Vendemmia* – die Weinlese – rückt näher, und im Anschluss daran die Olivenernte. Beide werden wie Rituale zelebriert und geben Anlass für viele Festlichkeiten.

Auf einem Spaziergang sehe ich zwölf grün gekleidete Männer an der Wegkreuzung stehen. Sie lehnen rauchend an ihren Autos und halten Schrotflinten in der Armbeuge. Anna aus der *Bar caffe* hängt Wäsche auf. »Das ist die *Squadra* aus dem Dorf«, erklärt sie mir. »Sie jagen auf Wildschweine. In dieser Saison rechnen sie mit etwa vierzig Abschüssen. Da wird es viel *Ragù* geben im Winter und auch *Salsicce di cinghiale.*«

Wenn ich das Wort »Wildschweinwurst« nur höre, beginnt mein Cholesterinspiegel zu steigen, aber Wildschweinragout mag ich gern. Der kräftige Geschmack bringt Wärme in die ausgekühlten Knochen.

Auf dem Markt lädt Fabrizio Körbe mit Edelkastanien ab. Einige glänzen wie poliert, andere stecken noch in der stacheligen Schale. Ed ist ein ausgesprochener Kastanienliebhaber. Ihm schmeckt sogar der dunkelbraune Waldhonig, den die Bienen aus den Kastanienblüten saugen.

Nach dem Abendessen nimmt Ed einige Edelkastanien und schneidet die braune Schale ein, bevor er sie auf die heiße Herdplatte legt. Wenn sie fertig sind und zu duften beginnen, pult er sie aus der dünnen Schale und isst sie zu einem Gläschen Averna, seinem Gute-Nacht-*Digestivo.*

Mit Ungeduld warten wir auf die Zeit, in der es zum Pilzesammeln geht. Wir haben uns ein Buch mit vielen Fotos von Pilzen und auch einigen Totenköpfen gekauft. Aber auch so mancher andere harmlos aussehende Pilz bringt den unachtsamen Gourmet zumindest ins Krankenhaus, wenn auch nicht gleich ins Grab. Wieder andere Sorten sind zwar essbar, enthalten aber Eiweißverbindungen, die in nicht gründlich gekochtem Zustand so üble Magenschmerzen verursachen, dass man sich schwört, nie wieder Pilzsalat mit Parmesan und Olivenöl anzurühren. Andererseits gilt ein außerordentlich abstoßend aussehender Pilz, der noch dazu »Totentrompete« heißt, als besonderer Leckerbissen.

Die kleinen Pilze, die auf unserem Land wachsen, hält Placido für harmlos, aber nicht besonders schmackhaft. Placido kennt das Land und alles, was darauf wächst und gedeiht, kreucht und fleucht. Nach dem nächsten Regen, sagt er, sollen wir ihn begleiten und Steinpilze suchen – die berühmten *Porcini.*

An einem Herbstmorgen wie aus dem Bilderbuch fahren wir mit Placido und Lucio in die Berge. Die beiden Freunde jagen und sammeln Pilze, seit sie laufen können. Sie haben sich auf das Unternehmen gut vorbereitet: Schirmmützen mit Ohrenschützern, dicke Pullover, bunte Halstücher, Wolltuchhosen und Schaftstiefel. Die Tragriemen der großen Weidenkörbe sind innen mit Schaffell bezogen, damit die große Last nicht allzu sehr auf die Schultern drückt.

Wir sind in Jeans gekommen, und unsere Jacken kommen uns plötzlich fadenscheinig vor. In den Körben, die wir mitgebracht haben, reichen wir gewöhnlich bei Tisch das Brot herum. Als Wegzehrung habe ich zwei Flaschen Wasser und einige grüne sizilianische Tangerinen vorgesehen. Die beiden Freunde lachen und lassen

Jäger zu Pferd nahe Buonconvento.

uns einen Blick in ihre Körbe werfen. Neben kleinen, gebogenen Messern zum Abschneiden der Pilze sehe ich Pakete mit Mortadellabroten, Birnen und rotbackige Äpfel.

Wir folgen steinigen Pfaden, springen über Bäche und halten auf den großen Bauernhof über uns zu. Das Gebäude und der Futtersilo sind verfallen. Ed und ich können es uns nicht verkneifen, in den Ruinen herumzustöbern. Dann geht es wieder bergab, auf Steinblöcken und dicken Ästen über einen breiten Bergbach und hinein ins Gehölz der Vorberge. Wir werden angewiesen, unter den Kastanien nachzusehen und uns in nördlicher Richtung zu bewegen.

Ich habe keine Ahnung, wie ich mich hier im dichten Wald nach Norden orientieren soll. Ed und ich bleiben dicht zusammen. Da finde ich auch schon den ersten Steinpilz – ein Prachtexemplar. Und kurz darauf scheinen wir von Pilzen umringt zu sein. Ich nehme einige von jeder Sorte. Es geht bergauf, bergab und mehrmals über den Bach.

Als wir auf Placido und Lucio stoßen, zeigen sie uns wortlos den Inhalt ihrer Körbe. Ausschließlich *Porcini*; mit den anderen Pilzen haben sie sich gar nicht abgegeben. Ed hat immerhin fünf kleine Steinpilze gefunden. Mich indessen hat das Glück nach meinem ersten Erfolg verlassen. Wir sind auf die beiden Freunde gestoßen, als sie gerade Rast machten. »Wie kommt es nur, dass ihr seht, was wir nicht sehen?«, frage ich. Doch die beiden grinsen nur.

Wir wandern in einen anderen Teil des Mischwalds. Ich frage mich, wie lange wir wohl noch suchen werden. Nach fünf Stunden denke ich nur noch an den Rückweg. Meine Schuhe sind neu, und der rechte Fuß tut weh. Als ich den Schuh ausziehe, sehe ich die aufgegangene Blase. Ich lege einige Blätter darauf, bevor ich den Schuh unter Qualen wieder anziehe. Glücklicherweise ist der Waldboden weich. Dann finde ich zwei mittelgroße Steinpilze an einer Stelle und fasse neuen Mut. Auf der anderen Seite einer Lichtung stehen am Bachufer die Überreste einer Mühle. Wir gehen hinüber und setzen uns. Die Nachmittagssonne scheint wie durch ein Filter aus Blättern.

Placido und Lucio begutachten unsere Ausbeute, sondern die ungenießbaren Pilze aus und ersetzen sie durch Braunkappen aus ihren Körben. Sie tauchen Blechtassen in den Bergbach, dessen Wasser die Farbe von Bourbon Whisky hat, und trinken. Wir misstrauischen Amerikaner halten uns lieber an das mitgebrachte Mineralwasser aus der Plastikflasche.

Auf dem Heimweg lädt uns Placido für den nächsten Abend zum Steinpilzfest in sein Haus ein. Nur wir und ein paar Freunde – wir wissen aus Erfahrung, dass es an die Fünfzehn sein werden – zu *Crostini* mit Steinpilzen, gegrillten *Porcini*, *Risotto* mit *Porcini*, Kalbfleisch mit Steinpilzsauce und Nudeln – auch mit *Porcini*, was denn sonst? Wir werden den Wein mitbringen und eine große Mascarponetorte mit Birnen. Als ich den kurvenreichen Weg entlangtrotte, sehe ich mich schon an der Tafel sitzen und die Platten mit den einzelnen Gängen an mir vorbeiziehen, sehe die freundlichen, vor Gesundheit strotzenden Gesichter um mich herum, spüre die Wärme des Feuers im offenen Kamin, höre das Lachen wie das Rauschen der Brandung. Herbst in der Toskana.

Fiorellas Ragù di Funghi Porcini

Steinpilzsauce

Während des Herbstes kommt Placido mehrmals mit Körben voll Steinpilzen und anderen Speisepilzen nach Hause. Ein großer Teil wird frisch verzehrt, aber es bleiben noch genügend übrig, um sie in Scheiben zu schneiden und in der Sonne zu trocknen. Für die Sauce verwendet Fiorella natürlich ihre eigenen eingelegten Tomaten. Zum folgenden Rezept können Sie auch frische nehmen oder geschälte Tomaten aus der Dose.

Fiorella Cardinali.

FÜR 4–6 PERSONEN

30 g getrocknete Pilze
1 Rezept Odori (siehe Seite 188)
2 EL Olivenöl
2 italienische Würste (Salsicce)
350 g Kalbfleisch, durchgedreht
2 Hühnerlebern, in Stücke geschnitten
Salz und 1 Prise Cayennepfeffer
2 Knoblauchzehen, fein gehackt
250 ml Rotwein, 1 EL Tomatenmark
6–7 frische Tomaten, geschält und gewürfelt, oder große Dose (800 g) geschälte Tomaten

❧ Die getrockneten Pilze 10 Minuten in heißem Wasser quellen lassen. Inzwischen die Odori in Öl andünsten, Wurstbrät, Kalbfleischhack, Leber, Salz und Cayennepfeffer sowie den Knoblauch dazugeben und das Ganze unter Rühren kräftig anbräunen. Wenn die Masse an der Pfanne zu haften beginnt, den Rotwein dazugießen und die Sauce unter Rühren einkochen lassen.

❧ Die Pilze abgießen, das Einweichwasser auffangen und durch ein Kaffeefilter filtern. Tomatenmark und Tomaten in die Sauce geben und diese 40 Minuten köcheln lassen. Nach Bedarf das Einweichwasser der Pilze dazugießen. Die Sauce mit Tagliatelle oder Fettuccine servieren.

Fiorellas Sugo di Porcini Freschi in Bianco

Helle Pilzsauce

FÜR 4 PERSONEN

4 frische Steinpilze
1 Zweig Minze oder 1 Sträußchen Petersilie
3 EL Olivenöl
1 Knoblauchzehe, fein gehackt
Salz
250 ml süße Sahne
Tagliolini oder andere Teigwaren

Die Steinpilze putzen und in kleine Stücke schneiden, dabei Stiele und Kappen getrennt aufbewahren. Die Minze waschen und trocken schütteln. Einige Blättchen beiseite legen und die übrigen fein hacken.

Das Olivenöl in einer Pfanne erhitzen und den Knoblauch darin andünsten. Die Stiele der Pilze dazugeben und alles dünsten. Nach 3–4 Minuten auch die Pilzkappen in die Pfanne geben und weiter dünsten, bis die Pilze weich sind.

Die Pilze salzen, mit der gehackten Minze bestreuen und die Sahne angießen. Die Sauce weitere 5 Minuten köcheln lassen.

Inzwischen die Tagliolini al dente kochen und abgießen. Die Nudeln mit der Sauce vermischen und mit den restlichen Minzeblättchen garnieren.

Herbstsalat

Steinpilze sind auch roh genießbar, aber ich ziehe es vor, sie kurz anzubraten. Steinpilze (oder Maronenröhrlinge) in Scheiben schneiden, ganz kurz braten und auf einem Bett von Blattsalaten mit reichlich Rucola anrichten. Mit Scheiben von Parmesan garnieren und mit reichlich gerösteten Pinienkernen bestreuen. Den Salat mit etwas Essig und bestem Olivenöl beträufeln, mit Salz und Pfeffer aus der Mühle bestreuen.

Überbackener Fenchel mit Zwiebeln und Sellerie

FÜR 6 PERSONEN

Es dauert nur Minuten, einen einfachen Gemüseauflauf zuzubereiten. Jeweils 3 Fenchelknollen und Gemüsezwiebeln sowie 4 Stangen Sellerie in möglichst gleich große Stücke schneiden und in eine ofenfeste Pfanne mit Deckel geben. Das Gemüse mit reichlich Olivenöl begießen und mit Salz, Pfeffer, Fenchelsamen und -blüten würzen und im Ofen zugedeckt etwa 40 Minuten bei 165 °C backen.

Salat aus Fenchel und Orangen

FÜR 4–6 PERSONEN

2–3 Fenchelknollen putzen und in Scheiben schneiden. 3 Orangen mit einem scharfen Messer so schälen, dass die Häute der Spalten mit abgeschnitten werden. Die geschälten Orangen in dünne Scheiben schneiden und mit den Fenchelscheiben in einer Schüssel anrichten. 1 kleine Gemüsezwiebel schälen, in ganz dünne Scheiben hobeln, die Ringe trennen und auf dem Salat verteilen. Einige Stängel Thymian abzupfen und die Blättchen über den Salat streuen. Aus 5 EL Olivenöl, 2 EL Aceto balsamico sowie etwas Salz und Pfeffer eine Vinaigrette rühren und den Salat damit begießen.

Chiaras Marmellata di More

Brombeerkonfitüre

Chiara studiert Romanistik in Perugia und schreibt ein Referat über die Namen Cortoneser Bürgerfamilien. Sie ist eine aufgeweckte, hübsche Toskanerin mit einer tiefen Liebe für das Land und seine Kultur. Als wir ihr zum ersten Mal begegneten, sammelte sie gerade wilden Spargel. Als Tochter von Fiorella und Placido hat sie sich schon als Kind zur Feinschmeckerin entwickelt. Eines Nachmittags sammelten wir Brombeeren – sie war doppelt so flink wie wir –, und später brachte sie uns ein Glas Konfitüre. Dazu macht sie Crostata, was besonders Ed begeistert, der dieses Gebäck gern zum Frühstück isst. Crostata ist einfach zuzubereiten und der Inbegriff der ursprünglichen toskanischen Nachspeise. Man nimmt dazu Brotrinden in kurzen Stücken und gibt darauf eine gute Konfitüre und, falls man mag, eine Schicht frischer Beeren. Das Ganze bäckt man, bis es bröckelig ist, aber nicht trocken. Weil Chiaras Eltern laufend Einladungen geben, bereitet sie oft zwei oder drei verschiedene Crostate zu: Mirtillo (Heidelbeeren), Brombeeren und Erdbeeren oder Aprikosen – und alles mit ihren hausgemachten Konfitüren.

1000 g frische Brombeeren
500 g Zucker

Die gewaschenen Beeren in einen Topf geben und unter häufigem Umrühren weich kochen. Die Beeren durch die feine Scheibe des Fleischwolfs drehen, so dass eine weiche, cremige Masse entsteht. Das Beerenpüree zusammen mit dem Zucker aufkochen und unter häufigem Umrühren mindestens 45 Minuten köcheln lassen. Die Konfitüre in sterilisierte Gläser mit Schraubdeckeln füllen. Innerhalb von 6 Monaten verbrauchen.

Vittorias Cinghiale in Umido

Ragout vom Wildschwein

Die Jagdgesellschaft, zu der Giorgio gehört, erlegt pro Saison dreißig bis vierzig Wildschweine, was etwa einem Abschuss pro Jäger entspricht. Als wir nach Hause kommen, hängt ein Sack mit Wildschweinfleisch an der Klinke der Küchentür, die ins Freie führt. Vittoria hat mir das Rezept ihres Wildschweinragouts aufgeschrieben.

FÜR 4–6 PERSONEN

Für die Marinade:

1 Rezept Odori (siehe Seite 188) und 3 Knoblauchzehen
Prise grobes Salz
2 Zweige Rosmarin
3 Lorbeerblätter
1/4 Liter Weißweinessig

Für das Ragout:

1000–1500 g Wildschweinfleisch
5 EL Olivenöl
1/4 Liter Weißwein
2 EL Tomatenmark
1 Dose (800 g) pürierte Tomaten
Salz und 1 Messerspitze Cayennepfeffer
Rindfleisch- oder Gemüsebrühe nach Bedarf

Die Zutaten für die Marinade in einer ausreichend großen Schüssel verrühren. Das Wildschweinfleisch in 3–4 cm große Würfel schneiden, in die Schüssel mit der Marinade geben und mit Wasser auffüllen, bis das Fleisch gerade bedeckt ist. Das Wildschweinfleisch im Kühlschrank mindestens 12 Stunden oder bis zu 3 Tage marinieren, dann abgießen und gut abtropfen lassen. Den Backofen auf 150 °C vorheizen.

3 Esslöffel Olivenöl in einer Pfanne erhitzen und das Wildschweinfleisch zusammen mit den Knoblauchzehen der Marinade darin kräftig anbraten. In einer zweiten ofenfesten Pfanne das restliche Olivenöl erhitzen und die Odori bei schwacher Hitze anschwitzen.

Das angebratene Wildschweinfleisch zu den Odori geben, kurz mitbraten und den Wein angießen. Das Ragout bei kräftiger Hitze einkochen lassen, bis der Wein fast völlig verdunstet ist. Das Tomatenmark und die pürierten Tomaten zum Fleisch geben und das Ganze mit Salz und Cayennepfeffer herzhaft abschmecken. Das Wildschweinragout zugedeckt im Ofen etwa 2 Stunden schmoren. Dabei gelegentlich umrühren und etwas heiße Brühe dazugießen, falls die Sauce zu dick wird.

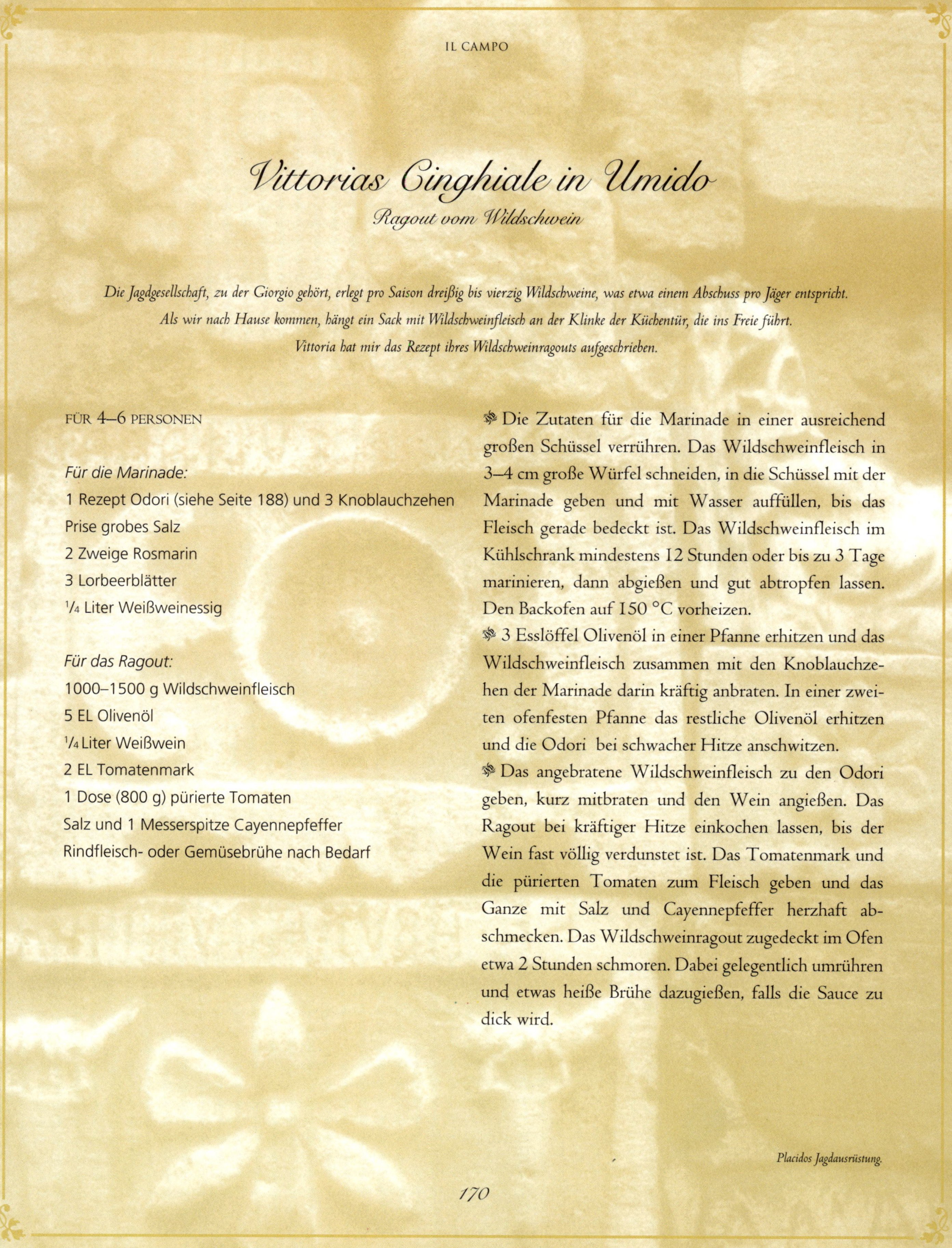

Placidos Jagdausrüstung.

LA CUCINA

Die Küche

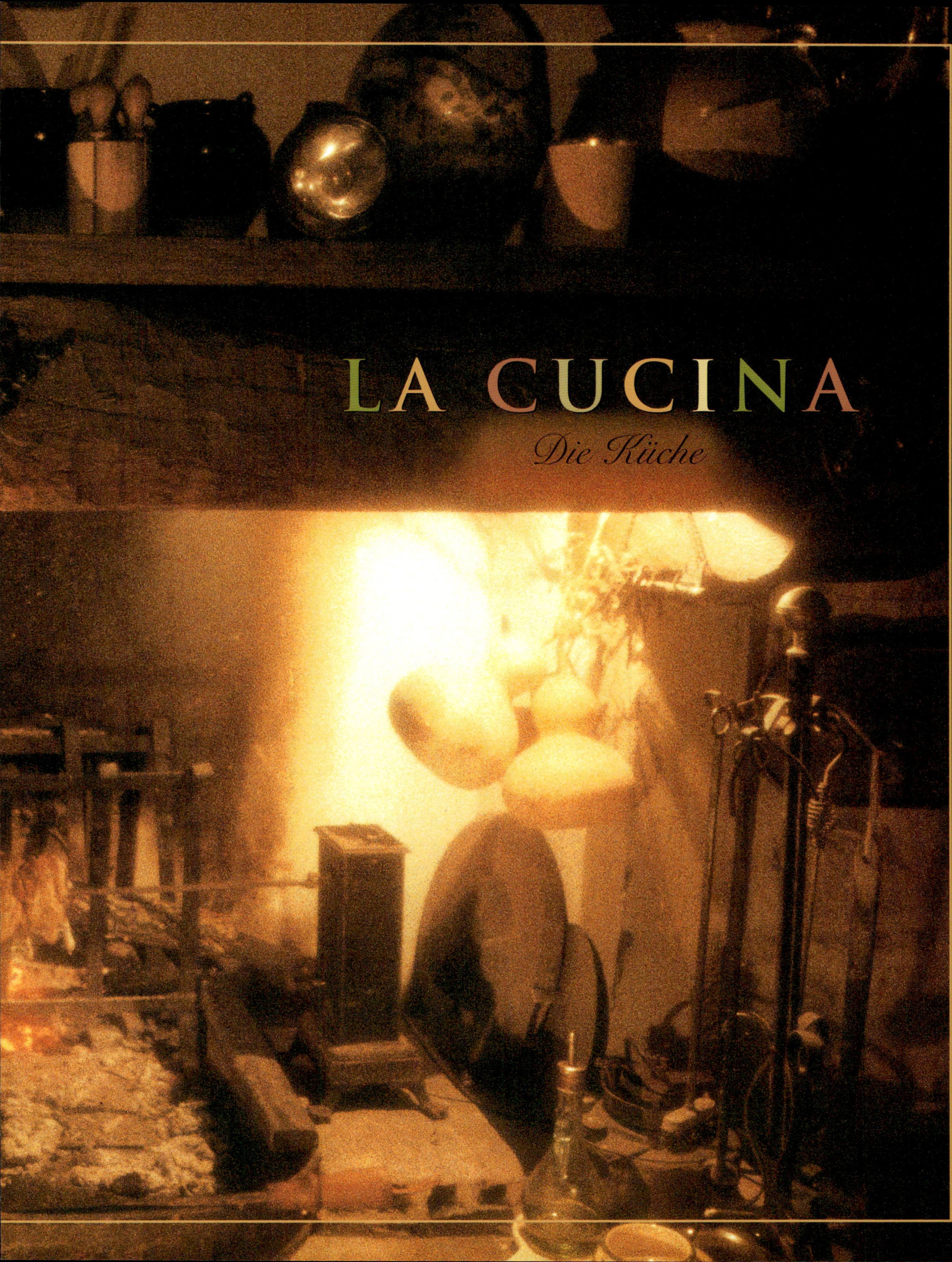

Das Wort »Fokus« ist von der lateinischen Bezeichnung für Feuerstelle abgeleitet. Der italienische Begriff ist »Focolare«, der Herd, und er beschreibt das Zentrum des Hauses, wo wir kochen und essen und uns unterhalten – Tätigkeiten, die alle dazu beitragen, unserem Leben Richtung und Klarheit zu geben. Essen hält Leib und Seele zusammen, sagt eine alte Volksweisheit.

S·LA RENTIVS·
VANNI DI GVASPARRE·FARSETTAIO·AFATTO·
M·CCCCLXXVI·

LA CUCINA

Die Küche

Die Toskaner feiern den Augenblick. Als wir zum ersten Mal durch Italien reisten – ich war damals in den Zwanzigern –, schien es mir, als würden die Italiener mehr Lebensfreude ausstrahlen als andere Völker. Als wir uns vor zehn Jahren in Bramasole niederließen, wurde mir klar, dass dieser Eindruck richtig war.

Die Menschen haben ganz offensichtlich und uneingeschränkt Freude aneinander, besonders wenn es darum geht, Nahrungsmittel einzukaufen, zuzubereiten und gemeinsam zu verzehren. »Allein zu essen, ist ungesund«, sagt Fiorella. Mit der ihr angeborenen Gastfreundlichkeit lädt sie die verschiedensten Leute an ihre Tafel ein. Noch ein Gedeck mehr oder drei oder vier – das spielt keine Rolle. Wenn Marco vor einem Abendessen im Sommer über den Tisch blickt und sagt: »Wenigstens zwanzig sollten es schon sein, sonst ist es kein richtiges Essen«, dann hat er Recht. Es versteht sich ganz von selbst, dass auch die Kinder und Alten an der Mahlzeit teilnehmen, und keinen stört es, wenn der Hund daneben sitzt und auf einen Happen wartet. Der Gastgeber grillt am offenen Kamin, die Gäste treffen ein und bringen Wein, Melonen und alles andere mit, was gerade im Garten reift. Freunde der Familie helfen mit, die Platten mit *Antipasti* aus der Küche zu tragen und auf dem Tisch zu verteilen. An der Tafel einer toskanischen Familie fühlt man sich nicht wie auf einer Einladung, sondern wie zu Hause.

Neben der toskanischen Großzügigkeit und der Reichhaltigkeit der Gerichte gefällt mir bei diesen Festen vor allem die Einstellung der Menschen. Das Mahl ist Weltanschauung in kleinem Maßstab. Niemandem würde es einfallen, die Tafel in Eile zu verlassen. Manche Essen dauern sechs bis acht Stunden. Selbst wenn die Leute am nächsten Tag arbeiten müssen, steht keiner vor Mitternacht vom Tisch auf. Wie kommt es, dass die Zusammenkunft von Freunden und Familienmitgliedern an der Tafel als freudiges Ereignis begangen wird?

Auf einem Flug von Kalifornien nach Rom saß Ed neben einem Italiener, der, kaum dass er sich angeschnallt hatte, ein Gespräch begann. Nach einigen einführenden Sätzen fragte er: »Welches war Ihre denkwürdigste Mahlzeit?« Und dabei zog er ein Foto aus der Tasche, das ihn in einem Restaurant in San Fruttuosa zeigte. Er nahm es auf alle Reisen mit, und im Hotelzimmer lehnte er es an die Nachttischlampe. Er hatte noch weitere Fotos dabei, z.B. mit Freunden, die ihm zuprosteten. Eines davon zeigte einen Fisch auf einem Teller. Würden Sie das Foto eines Fischs mit auf Reisen nehmen?

Enten und Tauben werden im offenen Kamin gebraten (Doppelseite 172–173); Abendessen im Weingut Avignonesi – erst ab zwanzig Gästen wird's gemütlich (links); gedeckter Tisch auf einer Terrasse oberhalb Cortonas (oben).

»Das Wort Fokus, das ihr Amerikaner ständig im Mund führt«, erklärte er Ed, »ist vom lateinischen Begriff für Feuerstelle abgeleitet. Die italienische Bezeichnung ist *Focolare,* der Herd, und beschreibt das Zentrum des Hauses, wo wir kochen und essen und uns unterhalten – Tätigkeiten, die alle dazu beitragen, unserem Leben Richtung und Klarheit zu geben. Essen hält Leib und Seele zusammen.«

Das alles erzählte er, als wir noch auf der Rollbahn standen. »Essen ist wie die Sonne. Familie, Arbeit, Freunde, der Tagesablauf – alles dreht sich ums Essen. Es kommt Ordnung ins Universum, sobald jemand sagt: ›Gehen wir essen.‹« Voll Abscheu blickte er auf die kleine Tüte mit Knabbergebäck, die die Stewardess verteilt hatte. »Denken Sie an Jesus, der am Abend vor seiner Ergreifung seine Freunde zum Abendessen um sich versammelte. Das geht mir nicht aus dem Sinn, und ich frage mich, was ich wohl zum letzten Abendmahl essen werde und wer dabei sein wird. Wahrscheinlich ist das eine Frage, die alle Italiener bewegt. Jedes Essen zählt, denn wer weiß, was uns morgen zustößt.«

Der Mann kam aus Genua, aber ich bin sicher, dass er sich auch in der Toskana wohl gefühlt hätte, wo Feste nicht nur zu Anlässen wie Geburtstag, Hochzeit und Taufe abgehalten werden, sondern häufig zu Ehren eines bestimmten Nahrungsmittels. Die jeweiligen Früchte einer Jahreszeit werden ausgiebig gefeiert. Im Frühjahr schätzen die Toskaner junge *Fave* – Stangenbohnen –, grüne Mandeln, frischen *Pecorino* und wilden Spargel. Ihretwegen finden nicht nur öffentliche Feste und Essen im Kreis der Familie statt, sie beeinflussen auch den Tagesablauf. Wer einen Garten hat, sät im Winter *Fave,* weil er weiß, dass er im April die zarten grünen Bohnen körbeweise ernten wird. Von einem Ausflug in die Wälder bringt man eine Tasche voll knuspriger Mandeln mit, die mit der weichen, grünen Schale gegessen werden. Fast jeder kennt einen Bauern draußen auf dem Land, der seine fünfundzwanzig Schafe melkt und seinen eigenen *Pecorino* zubereitet, den man isst, solange er noch jung und cremig ist, oder den man reifen lässt, bis er die Härte von Parmesan erreicht. Wenn man am Sonntag querfeldein geht, über einen Graben springt oder einen Hang hinaufsteigt, stößt man nicht selten auf die dünnen Sprosse des als Delikatesse geschätzten wilden Spargels oder auf Fenchelblüten. Alles, was die Natur wachsen lässt, wird als Geschenk der Jahreszeit dankbar entgegengenommen. Und fast jeder nimmt sich die Zeit, die kulinarischen Freuden der Saison zu genießen.

Im Frühsommer gehen Placido und Chiara um Mitternacht mit Taschenlampen hinaus, um Schnecken von den feuchten Mauern zu sammeln. In einer Pfanne vom Durchmesser eines Autoreifens werden diese stundenlang mit *Pancetta* – durchwachsenem Speck – geschmort. Lorenzo, zehn Jahre alt, verlangt jedes Mal eine zweite Portion.

Im Juni reifen die Kirschen, und obwohl die Vögel meistens dafür sorgen, dass die Ausbeute unserer fünf Bäume nicht zu groß wird, bleiben noch genug Früchte für uns übrig. Etwas später sind die grünen Sant'Anna-Bohnen so weit, dass wir sie pflücken können. Im Frühherbst kommen die leuchtendgrünen Tangerinen aus Sizilien auf den Markt und finden regen Zuspruch, und dann bricht die Zeit der *Funghi porcini* an, die

Sommerliche Erfrischungen auf Bramasole (links); ein Freund des Hauses bringt ein Körbchen mit reifen Feigen (rechts).

Steinpilzzeit – ein kulinarisches Ereignis der besonderen Art und der Höhepunkt des Jahres. Die ganze Toskana ist wie von einem Taumel ergriffen. Körbe werden hervorgeholt, Reviere abgesteckt, Berechnungen über Tage seit dem letzten Regen angestellt – alle zieht es hinaus in die Wälder und zu den Pilzgerichten in den Familien und Restaurants, zu denen ausschließlich Steinpilze verwendet werden.

Zur entsprechenden Zeit kommen Cardy, Edelkastanie, Rübchen und Fenchel zu ihrem Recht, bevor sie für den Rest des Jahres leider wieder von der Speisenkarte verschwinden müssen. Alles wird freudig in Empfang genommen, gekostet und gefeiert, und dann sind schon die nächsten Gaben der Natur an der Reihe. So geht es das ganze Jahr hindurch.

»Genuino«, sagt Beppo, als er mir einen seiner Stallhasen bringt. »Dieser Hase hat nur Brot und Grünzeug zu fressen bekommen.« Ich weiß auch so, dass der Hase »echt« ist, denn wir haben Beppo schon häufig gesehen, wie er auf den Wiesen Wildkräuter sammelte und für seine Hasen nach Hause trug.

»*Genuino*« ist ein häufig gebrauchter Begriff in der Toskana und bezieht sich auf Fleisch, Wild, Gemüse, Öl und Wein. Von ökologischem Anbau spricht hier kaum einer. Wenn etwas »echt« ist, dann ist es natürlich gewachsen, gesund und wohlschmeckend. Anders mag man's nicht, und anders kennt man's auch nicht. Die toskanische Küche ist einfach, aber alle Zutaten müssen von höchster Qualität sein. Die Rezepte lassen sich mühelos nachvollziehen, und die Raffinesse liegt im Geschmack, der wieder von den Zutaten herrührt. Früher habe ich nach französischen Kochbüchern oder alten Familienrezepten meiner Eltern, die in französischen Kochtraditionen verhaftet waren, aufwändige Gerichte zubereitet und dabei viele Stunden in der Küche zugebracht. Wenn ich in Kalifornien bin, verfalle ich gelegentlich auch heute noch in den Wahn, marokkanisch oder indisch kochen zu müssen, was wegen der komplizierten Zutaten und Gewürze sehr zeitraubend ist, aber meistens trage ich einfache toskanische Gerichte auf, wie ich sie in *Trattorie* und in den Häusern unserer Freunde schätzen gelernt habe.

»Kann ich das Rezept haben?«, frage ich die Hausfrau, wenn ich etwas noch nicht kenne. Die meisten Köchinnen müssen erst überlegen, weil es gar kein Rezept gibt, sondern nur die Generationen in der Familie zurückreichende mündliche Überlieferung, die intuitive Gewissheit, wie etwas riechen und schmecken muss. Die Rezepte in diesem Buch entstammen der traditionellen toskanischen Küche, andere bestimmten regionalen oder lokalen Traditionen. Sie sind in keinem Kochbuch zu finden. Für mich ist jedes dieser Rezepte das Geschenk eines außergewöhnlichen Menschen. Meine Sammelmappe quillt über von Zetteln mit Kochrezepten und Fotos von Freunden, bei denen man eingeladen war.

Die Speisenkarte einer *Trattoria* enthüllt die Grundlagen der toskanischen Küche. Die Gerichte sind fundamentale Bestandteile der Landeskultur, und ich wundere mich manchmal, dass man sie noch nicht zum Kulturerbe der Nation erklärt hat. Für die Einheimischen ist die Speisenkarte überflüssig, denn sie kennen sie auswendig. Stattdessen fragen sie den Wirt, was er empfiehlt – vielleicht Fasan oder Perlhuhn. Andernfalls wissen sie aus Erfahrung, dass *Pici* mit Enten- oder Wildschweinragout vorzüglich schmeckt. Bei Kaninchen mit Fenchel gibt es keine unangenehmen Überraschungen. Wenn Sie einem Toskaner auf den Philippinen oder in der Antarktis die Augen verbinden und ihn *Pinzimonio, Panzanella, Pasta ai funghi porcini* oder *Salame Toscano* probieren lassen, wird er unweigerlich sagen: »*Genuino.*«

Die toskanische Küche steht in enger Beziehung zu Feuer und Brot. Als wir uns nach einem Küchenherd für unser Haus umsahen, stellten wir fest, dass mit Holz befeuerte, altmodische Kochherde nach wie vor üblich sind. Mit ihrer Emailverkleidung in leuchtendem Rot, Blau und Grün sehen sie viel lustiger aus als die modernen Elektroherde in langweiligem Weiß und Chrom. Ed war drauf und dran, einen zu kaufen, aber ich konnte mir nicht vorstellen, jeden Morgen ein Feuer anzuzünden, schon gar nicht im Juli. Inzwischen haben wir gesehen, dass in vielen Küchen beide Herde stehen.

Die Toskaner haben eine Vorliebe für Speisen, die auf dem Holzfeuer zubereitet werden. Im Sommer wird fast jeden Abend draußen gekocht oder gegrillt, im Winter drehen sich Bratspieße im offenen Kamin. Wir sehen die Fuhren von Brennholz, die für die Pizzaöfen in die Stadt geschafft werden. Holzkohle wird nur ganz selten benutzt. Draußen in den Hügeln kenne ich einen Köhler, der noch wie zu Urgroßvaters Zeiten arbeitet. Seine Holzkohle entsteht in einem mit Erde bedeckten Meiler, in dem das Holz mehrere Tage lang verkohlt, und gilt als die beste im weiten Umkreis. Man kann noch die Fasern des Holzes erkennen, und die Stücke klirren wie Glas, wenn man sie gegeneinander schlägt.

Brot bildet das Herzstück der regionalen Küche. Es gibt verschiedene Sorten und unterschiedliche Zubereitungsarten, zum Beispiel dünne Laibe aus Kastanienmehl, die in der Glut des Holzfeuers gebacken werden. Auf manchen Bauernhöfen sind noch frei stehende Backöfen in Betrieb, und in jedem Ort gibt es eine kleine Bäckerei. Wenn Kunden ihr Brot *ben cotto*, gut durchgebacken, haben wollen, drückt Bruno mit dem Daumen auf den Laib, und wenn die Rinde knackt, ist der Kunde zufrieden. Verlangt werden große Laibe, flache Laibe, Zweipfünder und Einpfünder. Das Hohelied des täglichen Brotes ist zum Ritual geworden. Ich stehe daneben, atme den Duft frisch gebackenen Brotes ein und höre zu.

Toskanisches Brot ist ungesalzen, obwohl man auch gesalzenes bekommt. Der Brauch stammt aus einer Zeit, da Salz mit hohen Steuern belegt war. Das fällt heute nicht mehr ins Gewicht, aber Salz zieht Feuchtigkeit an und begünstigt so die Schimmelbildung. Ungesalzenes Brot hält sich länger, auch wenn es schon altbacken ist. Anfangs kauften wir es, weil wir uns an die Essgewohnheiten der Einheimischen halten wollten. Heute schätzen wir es, weil es eine ideale Beilage zu den ohnehin stark gewürzten Speisen ist.

Wenn Sie einen Korb oder ein Säckchen an die Gartentür hängen, legt der Ausfahrer der Bäckerei einen noch warmen Laib hinein. Brot begleitet alle Mahlzeiten. Deshalb bleiben viele Brotreste übrig, selbst wenn genügend *Ragù* vorhanden ist, um noch einige Krusten hineinzutauchen. Und auch dafür hat man Verwendung. Zwar gilt Italien als das Land des *Dolce vita*, aber der alte Volksglaube weiß auch, dass man in der Hölle

Beim Gemüsehändler (links);
toskanisches Brot ist schnittfest und knusprig (oben).

Brotkrumen mit den Wimpern aufsammeln muss, wenn man Brot verkommen lässt. Früher hat die Hausfrau einmal in der Woche Brot gebacken. Die Laibe wurden in Sackleinen gewickelt und in der *Madia* gelagert, einer Truhe mit aufklappbarem Deckel. Heute sieht man die *Madia* häufig in Restaurants als dekorativen Behälter für Brot oder Weinflaschen.

Im *Forno* – beim Bäcker – kaufen wir nicht nur Brotlaibe, sondern auch gesalzene Fladen – *Schiacciata* –, die auf einem Blech gebacken und zu Rechtecken geschnitten werden. Obwohl sie ziemlich dünn sind, kann man sie aufschneiden und belegen, zum Beispiel mit Tomatenscheiben.

In der Bäckerei in Cortona gibt es nicht nur die einfache *Schiacciata* mit Öl und Salz, sondern belegte mit Salbeiblättern, Tomatenscheiben, Oliven oder gedünsteten Zwiebelringen – in Streifen geschnitten, ein vorzügliches *Antipasto*. Zum Frühstück essen wir gern *Schiacciata* mit Rosinen, und wenn die Weinlese näher rückt, gibt es *Schiacciata all'autunno*, die mit dem Saft reifer, roter Trauben getränkt ist.

Ungeduldig warten wir auf das Erscheinen der handgeschriebenen Plakate, auf denen *Ciaccia con ciccia* angekündigt wird. Was sich anhört wie ein lateinamerikanischer Tanz, ist die mundartliche Bezeichnung für rechteckige Scheiben von durchwachsenem Schweinefleisch oder *Pancetta* in Brotteig.

Was ich an der toskanischen Küche immer wieder bewundere, ist der Einfallsreichtum beim Verwerten von Resten, insbesondere altem Brot. Einst war diese Tugend aus der Not geboren; heute tut man das, weil die entsprechenden Gerichte gut schmecken. *La cucina povera*, die Küche der Armen, hat sich in dieser Hinsicht als sehr erfinderisch erwiesen. Man denke nur an *Pappa al pomodoro*, eine Brotsuppe, und *Panzanella*, einen Weißbrotsalat – Gerichte, die vor allem im August auf den Tisch kommen, wenn die Tomaten reifen.

Ein weiteres Eintopfgericht, für das altbackenes Brot verwendet wird, ist *Ribollita* – ein kulinarischer Geniestreich für kalte Wintertage. In den mit schmackhafter Brühe vollgesogenen Brotstücken bleibt der Löffel senkrecht stehen.

Ich lernte Graziella in der Bar Tacconi kennen, wo sie und ihre Familie einige einfache, aber nahrhafte Gerichte zubereiten. Als sie mich zum ersten Mal zu Hause besuchte, brachte sie mir ein Geschenk mit, eine mit meterlangem rotem Band umwickelte Schachtel, und dazu einen Strauß Schwertlilien.

Als Kind hatte sie mit ihren Eltern auf Bramasole gewohnt. Eines Tages fand ihr Vater auf einer der oberen Terrassen ein Stück Eisenrohr. Er brachte es in die Küche, wo es ihm in den Händen explodierte – eine selbst gebaute Mine aus der Zeit, als in diesen Hügeln erbitterte Kämpfe zwischen deutschen Truppen und italienischen Partisanen tobten. Graziellas Vater war auf der Stelle tot. Sie und ihre Mutter zogen in die Stadt und kehrten nie wieder nach Bramasole zurück.

Ich zeige ihr das Haus, und sie beglückwünscht mich zu meiner Küche, in der einst der Zugochse gestanden hatte. Sie findet es schön, dass ich den Fußboden aus Cotto beibehalten habe. Im Wohnzimmer, das früher die Küche war, in der ihr Vater auf so tragische Weise ums Leben kam, schaut sie sich nur kurz um und sagt kein Wort.

Eine Schüssel Ribollita auf Bramasole im Winter (links);
Brotsorten vom Bäcker in Cortona (oben).

Ich packe das Geschenk aus. Die Schachtel enthält eine Suppenterrine, ideal für *Ribollita*, mit einem Muster in Gelb und Grün, wie es für Cortona typisch ist. Beim Umgraben des Gemüsegartens habe ich schon mehrmals Scherben gefunden, die ähnlich bemalt waren.

Je länger ich auf Bramasole lebe, desto größer wird die Zahl der Erinnerungen im Zusammenhang mit toskanischen Gerichten – allen voran der *Ribollita*. Und von all diesen Eindrücken ist einer noch so lebendig wie am ersten Tag.

Nachdem wir die Kanzlei des *Notaio* verlassen hatten, wo ich die Ersparnisse meines bisherigen Lebens gegen das Glücksgefühl eingetauscht hatte, Herrin auf Bramasole zu sein, stiegen wir ins Auto und fuhren einfach drauflos – über staubige, kurvenreiche Landstraßen, an Maisfeldern vorbei und durch in den Fels gehauene Tunnels. Durchs Seitenfenster grüßten die Mauern Cortonas aus der Ferne. Zweimal mussten wir anhalten, um nicht vor Freude vom Weg abzukommen und in den Abgrund zu stürzen. Und dann standen wir plötzlich vor dem windschiefen Schild von Enzos *Trattoria*.

»Zu früh zum Abendessen, Leute!«, schrie der aus der Tür. »Und zu spät zum *Pranzo*.«

»Wir haben gerade ein Haus gekauft, Enzo, und sterben vor Hunger. Irgendwas wirst du doch haben.«

»*Allora*. Wenn ihr ein Haus gekauft habt, braucht ihr jetzt *Ribollita*. Dann vergesst ihr die Hitze und denkt nicht mehr an die Gründe, die gegen den Kauf sprechen.«

Er brachte den *Parmigiano* und träufelte etwas Olivenöl in die Suppe. »Diese Suppe ist wie mein Leben«, bekannte er, aber wir waren vom Hauskauf noch so mitgenommen, dass wir ihn nicht fragten, was er damit meinte.

Brot ist das Grundnahrungsmittel der toskanischen Küche, gefolgt von *Pasta, Polenta* und *Risotto.* Zu allen Bauernhöfen gehörte einst ein Backofen, oft unmittelbar ans Wohngebäude angebaut. Die *Massaia,* Herrin über Hof und Küche, beaufsichtigte das Backen von dreißig bis vierzig Kilo Brot pro Woche. In vielen dieser Öfen, sofern sie noch benutzbar sind, wird heute neben Brot auch *Pizza* und Fleisch zubereitet. Die Ruinen lässt man stehen – zur Erinnerung an die Zeiten, in denen der Haushalt noch auf selbst gebackenes Brot angewiesen war.

Die Darreichung von Brot ist ein Ritual. Kaum hat man sich in einem Restaurant niedergelassen, kommt jemand mit einem Brotkorb – man könnte ja am Verhungern sein.

In meiner Küche auf Bramasole benutze ich zum Backen mit Vorliebe einen engen Verwandten des Weizens: *Farro* – Emmer. Als Elio mit seiner *Ruspa* kam, einem kleinen Bagger zum Abziehen der Grasnarbe auf einer Terrasse vor dem Haus, wo ich eine Pergola mit Rebstöcken und Kletterrosen anlegen wollte, gab er mir ein Buch, bevor er sich an die Erdarbeiten machte. *Anwendung und Nutzen des Emmers,* las ich, von Elio selbst verfasst.

Dem ständig zunehmenden Interesse der Italiener an der Zubereitung alter Käsearten, der Züchtung lange vergessener Rebsorten und der Vermehrung des Angebots an regionalen Spezialitäten verdankt auch der Emmer seine Renaissance. Elios Interesse an diesem

Keramikscherben aus dem Garten von Bramasole (oben); gelbe Glasur und stilisierte Floralmotive wie auf dieser kleinen Terrine sind typisch für die einheimische Töpferkunst; oben im Regal bemalte Majolikatassen für Espresso (rechts).

archaischen Getreide reicht jedoch weiter zurück, denn seine Familie hatte schon immer drei Sorten *Farro* (klein, mittel, groß) auf einem Feld nahe dem Wohnhaus angebaut. Das Einfahren der Ernte und das Dreschen auf der Tenne gaben Anlass zu einem Fest. Elio hatte gelesen, dass 1980 in einem Etruskergrab in Volterra eine Hand voll Getreidekörner gefunden worden waren. Jemandem war es wie durch ein Wunder gelungen, die jahrtausendealten Samen zum Keimen zu bringen, was 1989 ein Ernteergebnis von 30 *Quintali* – 60 Zentner – Emmer ergab. Die Körner sahen genauso aus wie die der kleinen Sorte des *Farro*, die noch heute in der Toskana angebaut wird.

In einer romanischen Kirche war Elio auf Dokumente aus dem Jahr 1258 gestoßen, die über die Begleichung einer Schuld in Form von Naturalien – nämlich *la spelta* – berichteten. Weitere Recherchen in den Archiven von Florenz und Gespräche mit Köchen in Cortona folgten. Beim Lesen der Rezepte, die Elio für sein Buch zusammengetragen hatte, wurde mir klar, welche große Rolle *Farro* in der toskanischen Küche gespielt hatte: Emmersuppe mit grünen Bohnen, Würsten oder Steinpilzen; Emmer mit roten Bohnen; Emmer mit Linsen.

Mit diesen nahrhaften, sättigenden Gerichten verbinde ich die Vorstellung von Bäuerinnen am Herd, weit hinten im Hügelland, und von Männern, die mittags vom Feld oder aus der Scheune hungrig hereingestapft kommen, um neue Kraft zu schöpfen. Sie ermunterten mich auch zu manchen Experimenten mit diesem urwüchsigen Getreide in meiner eigenen Küche: Kroketten aus Emmer und Kräutern, Emmer mit Rotkohl oder eine Suppe mit den drei F – *Fagioli, Finocchi, Farro* (Bohnen, Fenchel, Emmer). *Grazie mille*, Elio.

Küchenregal auf Bramasole mit handgemalten Platten und Tellern.

Odori

Wichtiger Bestandteil vieler Rezepte sind Odori, die kleinen Bündel verschiedenen Grünzeugs, die mancher Gemüsehändler gratis in den Einkaufskorb legt und die entfernt dem in Deutschland üblichen Suppengrün entsprechen. Aus den Odori macht man ein Trito und dünstet das zerkleinerte Gemüse in Olivenöl, bis es weich ist. Hier ein Rezept, wie Sie Odori selbst zubereiten.

2 Karotten, 2 Stangen Sellerie, 2 Knoblauchzehen, 1 Zwiebel und eine Hand voll Petersilie fein hacken. In 2 EL Olivenöl goldbraun dünsten.

»Weniger ist mehr« – Dieses Motto gilt für viele toskanische Gerichte mit wenigen ausgesuchten Zutaten. Gemüse und vor allem Fleisch sind dort von so hoher Qualität, dass man sich die Mühe mit geschmacksverfeinernden Zutaten mitunter sparen kann.

Panzanella

Weißbrotsalat

Erfunden haben muss die Panzanella ein ausgehungerter Mensch vor einer leeren Speisekammer. Nur Brot war noch da und etwas Olivenöl. Was er daraus zauberte, genoss er wohl in der Mittagshitze im Schatten eines Laubbaums. Dass Panzanella so gut schmeckt, liegt an der Qualität des Brotes und des Olivenöls – nichts sonst. Als ich das Rezept einmal mit altem Vollkornbrot probierte, ist es nur zerfallen. Altbackenes toskanisches Weißbrot hingegen wird so hart, dass man damit Nägel einschlagen könnte. Altes Weißbrot, fruchtiges Olivenöl und reife Tomaten im August – das ergibt eine Köstlichkeit aus der Arme-Leute-Küche. Das große Geheimnis ist, warum Panzanella so lange frisch bleibt. Einmal habe ich eine viel zu große Portion gemacht. Den Rest der Woche haben wir davon gelebt. Manche Leute geben Thunfisch oder Anchovis dazu – eine Sünde, wenn Sie mich fragen. Diese Zutaten überlagern den fein ausgewogenen, erfrischenden Sommergeschmack.

FÜR 8–10 PERSONEN

12 Scheiben altes, hartes toskanisches Weißbrot mit Rinde
Je 1 Bund Basilikum und glatte Petersilie
1 Zwiebel
1 Karotte
1 Stange Sellerie
3–4 reife Tomaten, gehäutet, Samen entfernt und in Würfel geschnitten
6–8 EL Olivenöl
2–3 EL Rotweinessig
Salz und Pfeffer

Die Brotscheiben in kaltes Wasser legen, bis sie sich voll gesogen haben, dann herausnehmen und gut ausdrücken. Das Brot in eine Schale geben und mit der Gabel grob zerpflücken.

Das Basilikum und die Petersilie waschen, trocken schütteln und fein hacken. Die Zwiebel, die Karotte und die Selleriestange putzen, waschen und fein würfeln. Das Gemüse zusammen mit den Tomatenwürfeln und der Hälfte der Kräuter unter das Brot mischen.

Das Olivenöl mit dem Essig und etwas Salz und Pfeffer zu einer Vinaigrette verrühren, über den Salat gießen und alles gut vermischen. Zuletzt die Panzanella mit den restlichen Kräutern bestreuen und mindestens 1/2 Stunde ziehen lassen.

VARIANTE

Schneiden Sie einen Laib Weißbrot quer durch, höhlen Sie ihn aus und füllen Sie ihn mit der Panzanella. Servieren Sie das Panzanella-Brot, gut gekühlt und in Scheiben geschnitten, als Antipasto.

Pappa al Pomodoro

Tomatensuppe

Ein weiteres schlichtes Gericht für den Hochsommer – aus Brot und Tomaten. Die einfachste aller einfachen Suppen! Im Restaurant habe ich mir eine weitere Portion bringen und die übrige Mahlzeit ausfallen lassen.

FÜR 8 PERSONEN

2 Zwiebeln, fein gehackt
1 Stange Sellerie und einige Blätter, fein gehackt
1 Karotte, fein gehackt
2–3 EL Olivenöl
8 Scheiben Ciabatta
700 ml Gemüsebrühe
8 Tomaten, enthäutet, Samen entfernt und gewürfelt
15–20 Blätter Basilikum
Salz und Pfeffer

Zwiebeln, Sellerie und Karotte in Öl andünsten. Kurz vor dem Garwerden die Brotscheiben darauf legen und alles mit so viel Wasser angießen, dass der Boden des Topfs bedeckt ist.

Das Ganze aufkochen lassen, bis das Brot zerfallen ist. Nun die Brühe dazugeben und anschließend die Tomaten. Die Suppe durchrühren und einige Minuten bei schwacher Hitze köcheln lassen.

Inzwischen das Basilikum fein hacken. Die Suppe mit Salz und Pfeffer abschmecken und mit dem Basilikum bestreuen.

Das zweite Grundnahrungsmittel der toskanischen Küche und wie Brot ebenfalls ein Weizenprodukt sind die Nudelgerichte, unter denen *Pasta al ragù* zweifellos der Ehrenplatz gebührt. Unter den Tausenden von Nudelrezepten sind Pasta mit Fleischsauce bei den Toskanern am beliebtesten. Eines Tages werde er alle Köche Italiens, die wir kennen, zu einem Kochwettbewerb nach Bramasole einladen, zu dem sie ihr eigenes *Ragù* mitbringen sollen, pflegt Ed zu scherzen. Donatella behauptet, Francesca mache das beste Ragù. Als ich ihr das Kompliment überbringe, steht sie tags darauf mit einem Literglas voll Fleischsauce vor der Tür. Es schmeckt in der Tat unglaublich *delizioso*. Während ich die Sauce auf dem Herd erhitze, kann ich es mir nicht verkneifen, davon zu naschen.

Giusis *Ragù* aus Rind und Schwein erstickt jede Unterhaltung bei Tisch schon im Ansatz – besonders dann, wenn es dazu *Cavatelli* gibt, die hausgemachten Nudeln ihrer Mutter. Dann probieren wir Giusis Wildschweinragout – wieder ein völlig anderer Geschmack. Wildschweinfleisch ist fest und schmeckt etwas nussig – vielleicht weil die Tiere sich von Kastanien und Eicheln ernähren. In manchen Nächten hören wir sie im Garten, wenn sie grunzend und schnaubend zwischen den Bohnenstangen herumtoben. Besonders liebenswert sehen sie nicht aus, mit dem borstigen Fell und den langen Rüsseln, aber sobald man sie in der Pfanne hat, sind sie unwiderstehlich.

Was das Geheimnis des *Ragù* sei, wollen wir wissen. »Drei Stunden köcheln lassen«, antwortet Giusi. »Halb Rind, halb Kalb«, sagte Francesca, »und die halbe Menge Schwein.« Eine andere Nachbarin empfiehlt: »Verlange vom Metzger, dass er das Fleisch vor deinen Augen durchdreht.« Jeder schwört auf etwas anderes, aber wo auch immer ich jemals in der Toskana gegessen habe: Mit einem *Ragù* kann sich meine eigene Tomatensauce, auf die ich so stolz bin, nicht messen.

Ragù ist eine Seelenspeise und das Zentralgestirn der *Casalinga*, der häuslichen Kochkunst. Bei der Zubereitung mancher Gerichte bin ich lieber allein, aber wenn ich am Vormittag den Nudelteig vorbereite und die dünn ausgerollten Bahnen in ein Geschirrtuch schlage, damit sie im Kühlschrank ruhen können, während das köchelnde Ragout die Räume mit seinem Duft erfüllt, habe ich ganz gern Gesellschaft.

Obwohl Eier auf Speisenkarten nur sporadisch auftauchen, sind sie ein fundamentaler Bestandteil der toskanischen Küche. Früher mag es manchmal vorgekommen sein, dass die Vorräte armer Bauernfamilien aufgezehrt waren, aber ein paar Eier fanden sich immer und ein Büschel Wildkräuter auch, und das reichte für eine Suppe namens *Acquacotta* – heißes Wasser –, deren Rezept inzwischen auf mannigfaltige Weise verfeinert wurde. Auf dem Wochenmarkt am Samstag gibt es frische Eier von den umliegenden Bauernhöfen zu kaufen. Auf jedem Hof werden Hühner gehalten, die unter den Olivenbäumen scharren und an den Rändern der Gemüsebeete und zwischendurch unter großem Gegackere natürlich auch Eier legen. Wenn von einem nahen Gehöft ein Hahnenschrei herübertönt, sind wir glücklich. Ansonsten mag ich das dumme Federvieh nicht. Deshalb halten wir auf Bramasole keine Hühner und sind darauf angewiesen, dass uns Beppo Eier bringt und meistens draußen auf den Tisch neben den Kücheneingang legt.

»Was ist mit den Eiern los?«, fragt eine Bekannte aus Kalifornien, die mich besucht und mir bei der Zubereitung des Abendessens Gesellschaft leistet.

»Nichts. Was soll denn sein?«

»Der Dotter ist so … so unnatürlich gelb.«

Die Ärmste kennt nur Eier aus dem Supermarkt. »Die sind halt frisch«, sage ich, »und die Hühner laufen frei herum.«

Eine alte toskanische Lebensweisheit sagt: Eier dürfen eine Stunde alt werden, Brot einen Tag, Wein ein Jahr und eine Freundschaft dreißig Jahre.

Die frischen Eier sind ein Gedicht. Schon nach ein paar Schlägen mit dem Schneebesen quillt der Eischnee über den Schüsselrand. Vier Eidotter färben den Kuchenteig golden.

In der Toskana verdient das Frühstück seinen Namen nicht, weshalb weich gekochte Eier und Rührei hier fast unbekannt sind. Eier verzehrt man hier vorwiegend in Form einer *Frittata.* Diese dient der Resteverwertung, wird im Herbst durch Mischpilze aufgewertet und erreicht ihren ultimativen Höhepunkt mit dünnen Trüffelscheibchen und *Parmigiano.* Im Frühjahr gibt es *Frittata* mit Artischockenherzen, Frühlingszwiebeln, Petersilie und Parmesan.

In der traditionellen toskanischen Küche stehen Bohnen in der Beliebtheitsskala so weit oben, dass die Toskaner immer wieder auch als »Bohnenfresser« bezeichnet werden. Heute ist das aber nicht mehr zutreffend. Natürlich gibt es fast überall die weißen *Cannellini.* Die liegen farblos in ihrem Ölbad, sind meistens viel zu lange gekocht und schmecken nach nichts. Das wahre Fest der Bohnen steigt im Sommer, wenn die frischen *Cannellini* auf den Markt kommen. Dann könnte jeder zum »Bohnenfresser« mutieren, nicht nur die Toskaner. Sie sind nicht fade wie ihre in Öl konservierten Verwandten, haben Biss und entwickeln ihren Geschmack im Verein mit gehackten frischen Tomaten und Salbei.

Dass Toskaner gern Fleisch essen, ist kein Geheimnis. Die Portionen sind zwar klein, aber die Zubereitung raffiniert. Fleisch gilt dabei nicht als Hauptgericht. Es gehört einfach dazu. Jeder Gang leitet zum nächsten über und nimmt keine Sonderstellung ein.

Wer je von einem Lamm, das sich von wild wachsenden Kräutern ernährt hat, von einem Hühnchen, das frei herumlief, oder von einem gegrillten Chianina-Steak gekostet hat, der kann unterscheiden zwischen industrialisierter Landwirtschaft und natürlicher Aufzucht. Dabei gibt es kein geschmackvolleres Fleisch als das vom Schwein. Die Toskana ist, wie auch die Emilia Romagna im Norden, eine Hochburg der Schweinezucht. Der toskanische *Prosciutto* und *Finocchiona,* eine mit Fenchelsamen gewürzte Wurst, sind berühmt. Viele Fleischereien, wie die *Antica Macelleria Falorni* in Greve, schlachten noch selbst und führen keine Industrieprodukte. Sie zerlegen die Schweine auch ganz anders als im Schlachthof, nämlich wie der Bauer, der möglichst viel aus einem Tier herausholen musste. In diesen Fleischereien bekommt man noch Delikatessen wie *Guanciale* und *Capocolla* – Schweinebäckchen und Halsgrat – oder Wildschweinsalami und *Rigattino* – luftgetrockneten, kernigen Speck.

Aus Colonnata, nahe den Marmorbrüchen von Carrara, stammt das berühmte *Lardo.* In Höhlen oder Erdgruben lässt man den in Marmorbehälter gedrückten Rückenspeck des Schweins ein halbes Jahr reifen.

Perlhuhn vom Grill ist eine Herbstspezialität, desgleichen die Salsicce auf dem Rost im offenen Kamin von Bramasole (links und oben).

Heraus kommt Lardo di Colonnata, ein in hauchdünne Scheiben geschnittener Speck, so zart wie Butter. Einer unserer Nachbarn fährt den ganzen weiten Weg hinauf nach Colonnata, um sich den feinsten Speck auszusuchen.

In San Casciano im Val di Pesa kann man auf einem Bauernhof der Cinta Senese Urlaub machen, wo man eine bestimmte Schweinerasse mit weißem Bauch züchtet, und die hausgemachte Salami sowie den luftgetrockneten Speck probieren. Toskaner haben für jeden Teil des Schweins Verwendung, wobei die *Arista*, die Lende, das begehrteste Fleisch liefert, den Sonntagsbraten. Mit Speckstreifen bedeckt und im geschlossenen Bräter gegart, bleibt auch dieses Stück schön saftig.

Ein weiterer kulinarischer Höhepunkt ist *Porchetta*, am Spieß gebratenes Jungschwein, das kalt an Markt- und ambulanten Imbissständen verkauft wird. Am Mittwochnachmittag steht ein solches Fahrzeug vor einem der Stadttore Cortonas. Auf der Theke liegt das ganze Schwein, das im Holzofen langsam gebraten wurde. Der Kopf ist noch dran, und ins Maul hat man ihm einen Steinpilz, ein Brötchen oder einen Apfel gesteckt. Der Schweinebraten wird in dünne Scheiben geschnitten und dick in ein aufgeschnittenes Fladenbrot gelegt. Dazu bekommt man eine Papierserviette – und sonst nichts. Das kalte Schweinefleisch ist so würzig und saftig, dass man keine weiteren Zutaten braucht.

Toskanischen Hühnchen merkt man an, dass sie ständig draußen herumlaufen. Was ihnen an Zartheit fehlt, machen sie durch Aroma wieder gut. Hier schmeckt Hühnchen wirklich noch nach Hühnchen. Die Tiere werden relativ kurz gegrillt, manchmal unter dem Gewicht eines Ziegelsteins – *al mattone* –, wie beim würzigen *Pollo alla diavola*. Dazu wird der Vogel halbiert, die Hälften werden flach gedrückt, mit Paprikaöl bestrichen und unter einem Ziegelstein gegrillt.

Als ich in Siena an einem Italienischkurs teilnahm, ging ich während der Mittagspause in eine *Rosticceria*, die als Spezialist für diese flachen Teufelsbraten galt. Die eine Hälfte aß ich frisch vom Grill, die andere nahm ich mit nach Hause fürs kalte Abendessen. Es entstand so etwas wie eine Seelenverwandtschaft zwischen diesen geschundenen Wesen und mir, denn nach acht Stunden Unterricht fühlte ich mich genauso gerädert wie sie.

Vor einigen Jahren hatten Ed und ich plötzlich Appetit auf Teufelshuhn. Wir gingen hinaus in den Geräteschuppen und holten einen alten Ziegelstein. Als ich den Schmutz abwischte, endeckte ich, dass eine Katze den Abdruck ihrer Pfote im weichen Lehm hinterlassen hatte. Das Unikat ist inzwischen fester Bestandteil unserer Kücheneinrichtung.

Um Cortona wird viel Steak gegessen. Das Val di Chiana war früher ein Sumpfgebiet. Heute ist es fruchtbares Agrarland für den Obst- und Gemüseanbau und Zentrum der Zucht von Chianina-Rindern. Die Tiere werden vorwiegend im Stall gemästet – mächtige weiße Bullen mit ausladenden Hörnern und großen, feuchten Augen. Manche tragen rote Bänder um den Hals, die sie vor dem bösen Blick schützen sollen. Mit etwa zwanzig Zentnern Lebendgewicht sind sie schlachtreif, aber wenn man sie ließe, könnten sie doppelt so schwer werden – eine Menge Rindfleisch.

Es gehört zur Berufsehre eines jeden Fleischers, seinen Kunden Chianina-Steaks anzubieten. Auf Fotos präsentiert sich der Fleischermeister stolz neben dem Bullen, den er gerade ersteigert hat und der auf dem weißen Fell den Namen seines neuen Besitzers trägt. In der *Macelleria* hängt oft das ganze Rind an einem Haken – ein Anblick, an den man sich erst gewöhnen muss.

Von Feinschmeckern hoch geschätzt ist das dicke T-Bone-Steak aus dem Rippenstück des Rinds. Nach dem Grillen wird es in zwei oder drei Stücke geschnitten und *al sangue* serviert. Wenn man den blutigen Saft nicht mag, muss man es vorher sagen und bekommt sein Steak medium gebraten.

Weil das Chiana-Tal unmittelbar unterhalb von Cortona liegt, feiert die Stadt jedes Jahr am 14. und 15. August die *Sagra della bistecca*. Dann strömen die Einwohner in den Park, wo zehn oder zwölf Männer den riesigen und eigens für diesen Zweck konstruierten Grill

bedienen. Die Frauen tragen unterdessen Bohnen, Salat, Brot, Wein und Obst auf.

Wenn ich bei Freunden zu Gast war, habe ich mich fast jedes Mal darüber gewundert, dass selbst unscheinbare Tiere so unvorstellbar köstlich schmecken. Bei Dario und Giusi, die fast alles selbst züchten, was sie essen, gab es zweimal Lammbraten. Ich sehe noch Eds Gesicht vor mir, wie er mich nach dem ersten Bissen mit gerunzelter Stirn anschaute und wie sich das anfängliche Misstrauen in schieres Wohlbehagen verwandelte. Solche Gefühlswallungen sind den Einheimischen fremd. Gutes Essen ist für sie eine Selbstverständlichkeit. Unsere Reaktionen fallen ihnen deshalb auch gar nicht auf. Nur Rupert, Giusis Schwager und gebürtiger Engländer, kann unsere Begeisterung nachfühlen. »Versteht ihr jetzt«, sagt er, indem er sich über den Tisch beugt und mit der Gabel gestikuliert, »warum Donatella und ich es keinen Tag in England aushalten könnten?«

Die Platte mit dem Lammbraten wird mehrmals herumgereicht. Anita, Giusis Schwägerin, erklärt uns, dass niemand in der Familie Milchlamm mag. Der Geschmack, den die Milch dem Fleisch verleiht, sei ihnen zuwider. »*Puzzo*«, sagt sie mit Abscheu – es stinkt. Man wartet lieber, bis das Lamm nicht mehr gesäugt wird. Giovanni, der Familienpatriarch und mehrfache Großvater, bekommt wegen seiner Herzbeschwerden nach dem zweiten Glas keinen Rotwein mehr. »*Brutto colore!*«, klagt er, während er sein Glas mit Wasser ins Licht hält – welch grässliche Farbe.

Jungbullen in einem Stall im Val de Chiana (vorhergehende Seite); bukolische Landschaft bei Radi (links).

Giusis Pasta al Ragù

Fleischsauce

Giusi ist eine begnadete Köchin. Auf ihrem Anwesen in den Bergen wächst alles, was sie an Zutaten braucht.

Giuseppina de Palma.

FÜR 12 PERSONEN UND MEHR

1 Rezept Odori (siehe Seite 188)
Je 500 g Rinder- und Schweinehack
Brät von 4 Salsicce
Salz, Pfeffer und Thymian
1/2 Liter Weißwein
2 EL Tomatenmark
2 Liter passierte Tomaten

In einem Gusseisenbräter mit Deckel die Odori andünsten (Giusi nimmt keinen Knoblauch). Hackfleisch und Wurstbrät dazugeben und unter Rühren krümelig braten. Das Fleisch mit den Gewürzen bestreuen und mit Weißwein angießen und das Ganze einkochen lassen, bis die Flüssigkeit fast verdampft ist. Tomatenmark und passierte Tomaten zum Fleisch geben und die Sauce etwa 90 Minuten auf kleinster Hitze köcheln lassen.

Giusis Faraone alla Cacciatora

Perlhuhn auf Jägerart

FÜR 4 PERSONEN

4 EL Olivenöl
1 Perlhuhn (ersatzweise Hühnchen), in Portionsstücke geschnitten
Salz und Pfeffer
1 Rezept Odori (siehe Seite 188)
1/4 Liter Weißwein
1/2 Liter Tomatensauce

In einer ofenfesten Pfanne das Öl erhitzen und die Perlhuhnstücke darin 10 Minuten von allen Seiten anbraten, salzen und pfeffern. Odori dazugeben und bei reduzierter Hitze goldbraun dünsten. Den Weißwein angießen und einkochen, bis die Flüssigkeit verdampft ist. Die Tomatensauce dazugeben und das Ganze bei schwacher Hitze noch 15 Minuten köcheln lassen.

Dante

MACELLERIA
29A
29
VENDITA CARNI FRESCHE
BOVINE - OVINE - CAPRINE - SUINE
POLLAME - CONIGLI - INSACCATI FRESCHI
MACELLERIA

Bohneneintopf

Fagioli al fiasco, weiße Bohnen, in einer Weinflasche gekocht, das ist eines der ältesten toskanischen Gerichte – aber nichts für mich. Als wir unser Haus kauften, hatte es dreißig Jahre lang leer gestanden. Zwei Wochen brauchten wir, um die Skorpione und Spinnen zu verjagen, das Gerümpel zu entfernen und Staub zu wischen. Wir schafften auch Hunderte und Aberhunderte leerer Weinflaschen hinaus, ohne zu ahnen, dass die Bewohner sie gebraucht hatten, weil sie Wein anbauten. Wir glaubten, man hätte sie aus Sparsamkeit aufgehoben. Erst als wir im Garten das Gestrüpp und den verwilderten Efeu wegräumten und auf verholzte Rebstöcke stießen, wurden uns die Zusammenhänge klar.

Wir ließen alles in Abfallcontainern wegschaffen, bis auf die mundgeblasenen Weinflaschen, die ursprünglich mit Stroh umflochten waren. Mir gefällt die bauchige Form und das mit Bläschen durchsetzte grüne Glas. Nachdem ich also genügend Flaschen hatte, dachte ich, könnte ich doch dieses klassische toskanische Bohnenrezept einmal versuchen. In einem Anflug romantischer Schwärmerei beobachtete ich mich schon dabei, wie ich die Flasche in die Glut des Herdes stellte und am nächsten Morgen die gebackenen Bohnen herausschüttete.

Aber dann kamen mir Bedenken. Wie verhindert man, dass die Glut ausgeht, und, falls das gelingen sollte, wer kann garantieren, dass die Flasche nicht platzt und die Bohnen durchs ganze Wohnzimmer fliegen? Und wie bekommt man die gequollenen Bohnen durch einen noch nicht einmal halb so breiten Flaschenhals wieder heraus – vom Reinigen der Flasche ganz zu schweigen?

Ich beschloss, das Rezept jenen zu überlassen, die im Kochen am offenen Feuer geübter sind als ich, und gare meine Bohnen mit großem Erfolg in einem Steinguttopf auf dem schlichten Holzherd.

FÜR 8 PERSONEN

1000 g frische Cannellini oder 600 g getrocknete weiße Bohnen
Einige Salbeiblätter
Salz, Knoblauch nach Belieben
4–5 Streifen Pancetta oder mageren Speck
1 Zwiebel, gehackt
3 Tomaten, enthäutet, Samen entfernt, gehackt
Pfeffer

Falls Sie getrocknete Bohnen verwenden, diese 5 Stunden in reichlich kaltem Wasser quellen lassen. Die Salbeiblätter waschen und trocken tupfen.

Die Bohnen in siedendes Salzwasser geben und mit dem Knochlauch und der Hälfte der Salbeiblätter garen lassen, bis sie al dente, also noch bissfest sind. Die Bohnen abgießen, abtropfen lassen und in einen Steinguttopf oder eine geschlossene Backform geben. Den Backofen auf 150 °C vorheizen.

Die Pancettastreifen in einer Pfanne kurz anbraten. Die Zwiebel zum Speck geben, alles glasig dünsten und zu den Bohnen geben. Diese im Backofen bei 150 °C etwa 30 Minuten backen. Probieren Sie mehrmals, denn etwas Biss sollten die Bohnen schon noch haben. Die restlichen Salbeiblätter fein hacken.

Am Ende der Garzeit den Speck entfernen und die Bohnen abkühlen lassen. Zuletzt die gehackten Tomaten und den Salbei darunter rühren und das Ganze mit Salz und Pfeffer abschmecken.

Die Frau des Fleischers entkernt Bohnen in der Sonne; Straßenszene aus Siena.

Ich esse gern Gemüse. Aber was ich in italienischen Trattorie schon alles vorgesetzt bekommen habe, lässt vermuten, dass sich die Köche auf diesem Gebiet wenig Mühe geben. Pommes frites stammen oft von Tiefkühlware. Spinat sieht aus wie vom Kompost und schmeckt auch so. Bohnen kommen grundsätzlich ohne Garnierung auf den Tisch. *Sformata di verdura*, eine Art Quiche ohne Teig, kann ganz gut schmecken, erweist sich aber oft als wässerige Pampe. Aber es gibt auch angenehme Überraschungen wie gebackene Zucchiniblüten, Artischocken oder *Pinzimonio*. Ich lasse das Wort auf der Zunge zergehen – wie das frische Gemüse in fein gewürztem Olivenöl. Vergessen Sie die lieblosen Einheits-Dips auf Sauerrahmbasis. Eine rohe Karotte, kurz in *Pinzimonio* getaucht, ist dagegen ein Gedicht. Fenchel darf auch nicht fehlen, denn das würzige Öl verstärkt das typische Aroma.

Fenchel ist aus der toskanischen Küche nicht wegzudenken. Im Spätsommer stecke ich etwa zwei Dutzend Pflänzchen in die Erde. Schon am nächsten Tag haben sich die fiedrigen Zweige aufgerichtet, neigen sich im Wind und werden zusehends kräftiger. Kein Wunder, denn wilder Fenchel wächst hier überall. Ich sammle die gelben Blüten, lasse sie auf einem Backblech zwei Tage in der Sonne trocknen und zerreibe sie dann, wie Francesco es mir gezeigt hat, zwischen den Handflächen. Die trockenen Blütenstiele klaube ich gewissenhaft heraus. Ich habe schon mehrere Gläser voll gesammelt – mehr als ich jemals brauchen werde – und würze damit geröstete Kartoffeln, Kaninchen und gedünsteten Fisch.

In Privathaushalten habe ich erlebt, mit welcher Sorgfalt das Gemüse zubereitet wird. An Sommerabenden gibt es unter freiem Himmel frisch gepflückte Zucchiniblüten, die mit einem Stückchen Mozzarella im Kelch in siedendem Öl frittiert werden. Die goldgelben Blüten sehen aus, als hätten sie das Sonnenlicht eingefangen. Es ist jedes Mal eine Freude, wenn ich in meinem Garten auf eine Gruppe der gelben Blüten stoße, die aus den grünen Blättern hervorragen.

Schon ein paar Zucchinipflanzen bringen eine Fülle von Blüten hervor. Man pflückt sie am besten unmittelbar vor der Zubereitung, denn sie welken rasch. Aber selbst von Wind und Regen gebeutelte Zucchiniblüten kann man, zusammen mit Scheiben der Frucht, ins *Risotto* schneiden. In der Gegend von Cortona gibt es endlose Felder mit Sonnenblumen, und zum Frittieren der Zucchiniblüten benutze ich grundsätzlich Sonnenblumenöl. Die beiden Blüten haben die gleiche Farbe.

Jedes Gemüse oder Fleisch, das sich zum Füllen eignet, wird in der Toskana entsprechend zubereitet. Mit »gefüllt« verbindet der Mitteleuropäer etwas Gewalttätiges wie zum Beispiel eine Stopfgans, aber schon die italienische Bezeichnung *ripieni* klingt viel leichter, lockerer. Tatsächlich haben die italienischen Hausfrauen ein feines Gespür für Zusammensetzung und Würze von Füllungen, so dass ihre gefüllten Gerichte niemals zu schwer werden. Zucchinihälften füllt man in der Regel mit grünen Erbsen und Bechamelsauce, rote Paprikaschoten mit *Ricotta* und Kräutern, Rollbraten vom Rind, Kalb oder Schwein mit Gemüse, einer anderen Fleischsorte oder Kräutern.

In Gartenbüchern und -zeitschriften bewundere ich immer die Perfektion der Anlage von Kräuter- und Gemüsebeeten. Nichts scheint dem Zufall überlassen zu sein. Kein Wildschwein hat im Kopfsalat gewühlt, kein Windstoß einen Pflaumenast auf den jungen Thymian geworfen, keine Ackerwinde über Nacht das Basilikum erdrosselt – wie es bei mir ständig passiert. Auch schreibt niemand etwas über Vogelschwärme und ihr effektives Informationssystem: »Reife Tomaten auf Bramasole, den Pfirsichbaum nicht vergessen, wenn ihr schon da seid, Sturzangriff auf die Birnen Erfolg versprechend.«

Ich habe meinen Kräutergarten auf einer breiten Terrasse angelegt, die teilweise von einem Birnbaum und einem Olivenbaum beschattet wird. Auf einer etwas größeren Terrasse darüber ziehe ich Gemüse. Basilikum liebt Halbschatten, und die Pflanzen gedeihen prächtig. Sie verströmen ihren Duft, wenn meine Beine gegen die

Der Winterfenchel wird geerntet.

Blätter streifen. Den *Dragoncella* – Estragon – habe ich in die Sonne gestellt, wo er inzwischen die Pfefferminze bedrängt, deren Blätter ich in den Eistee gebe. Warum ich *Ruta* angepflanzt habe, weiß ich heute nicht mehr. Die Italiener haben eine merkwürdige Vorliebe für das bittere Zeug. Schon die alten Römer verwendeten es für Saucen aus Beerenwein und Honig. Und weil ich weder *Grappa* damit ungenießbar machen noch eine Arznei daraus herstellen möchte, habe ich auch keine Verwendung dafür, es sei denn als silbrige Hecke vor den staksigen Hochstammrosen. Zweimal im Jahr schneide ich den Estragon zurück, aber er treibt unverdrossen. Nach vier Jahren entwickelt er kaum noch Aroma, und ich werde ihn wohl herausreißen und durch eine junge Pflanze ersetzen.

In Italien habe ich mir angewöhnt, Kräuter so üppig zu gebrauchen, wie sie wachsen. Wenn ich den Majoran nicht abschneide, entwickelt er sich zu einem großen, gleichmäßigen grünen Fleck. Das silbrige Grün des Salbeis setzt sich draußen in den Hügeln fort, wo er ungestört wuchern darf, und die Petersilie entwickelt sich jedes Jahr kräftiger. *Come prezzemolo* – wie Petersilie – sagen die Italiener und meinen damit jemanden, der überall auftaucht. Mein Thymian, der eigentlich niedrig bleiben sollte, weigerte sich zu kriechen, schoss in die Höhe und bekam auch noch gelbe Blüten.

Jenseits des Gartens beherrschen Wildkräuter die Landschaft, allen voran *Nepitella*. Ich pflücke diese wilde Minze fast täglich und verwende sie für Linsen und Zucchini, Lammbraten und Salate. Zitronenmelisse könnte zur Plage werden, wenn ich sie nicht so gern im Sorbet hätte. Ein heißes Bad mit einer Hand voll Melissenblättern belebt und erfrischt nach einem anstrengenden Tag. Kräuterweiblein, die Wegränder und Hügel absuchen, kennen Dutzende von Gräsern, Kräutern und Wurzeln. Auch ich lerne ständig dazu. Wenn ich draußen auf dem Feld eine prächtige Pflanze ausgrabe und im Garten einsetze, geht sie prompt ein. Manche Dinge lässt man besser dort, wo sie hingehören.

Auf dem Weg zu unserem Aussichtspunkt mit herrlichem Blick auf den Trasimenischen See haben wir auf einer schmalen Terrasse mehrere Dutzend Artischocken angepflanzt. An der anderen Terrassenseite markieren Lavendel und Zypressen die Grenze, hinter der die Wildnis beginnt. Artischockenpflanzen wirken primitiv und robust. Die grünen Blätter mit ihren gezahnten Rändern, die massiven Stängel mit der Frucht, die wie in einen dicken Schuppenpanzer gehüllt erscheint, und die rotvioletten Distelblüten vermitteln das Bild einer Pflanze in ständigem Wandel.

Bevor ich nach Italien kam, habe ich die Stängel immer weggeworfen, weil ich glaubte, man hätte sie nur deshalb nicht abgeschnitten, weil das Gemüse damit frischer und appetitlicher wirkt. Wenn man die Stängel schält, schmecken sie fast wie die Herzen, sind nur etwas härter. Die im Frühjahr geernteten kleinen, violett überhauchten Artischocken werden sogar roh gegessen. Man zieht nur die äußeren Blätter ab und träufelt etwas Marinade aufs Herz.

Ich kenne niemanden, der keine frittierten Artischocken mag. Wenn ich ausgebackene Steinpilze, Zucchiniblüten, Zucchini oder Artischocken auf der Speisenkarte entdecke, wird meine Kindheit in Georgia wieder lebendig, wo in einer großen schwarzen Gusseisenpfanne immer irgendein Gemüse in heißem Schmalz oder Erdnussöl brutzelte. In Italien verwende ich natürlich Sonnenblumenöl, denn die Artischocke gehört zur gleichen Pflanzenfamilie.

Küchenchef Michele Brogioni vom Restaurant Il Falconiere sammelt Kräuter.

Zucchini mit Zitronenpesto

Viele alte Häuser in der Toskana haben eine Limonaia, eine Art Wintergarten mit verglaster Außenwand zum Überwintern der in Kübeln gepflanzten Zitronenbäumchen. Wir haben uns für den Transport der schweren Kübel einen niedrigen Pritschenwagen bauen lassen. Im Frühjahr fahren wir sie damit wieder hinaus an die ursprüngliche Stelle. Beppo macht ein Zeichen auf jeden Kübel, damit die Ausrichtung zur Sonne immer gleich ist.

Ich frage mich, warum die Zitrone in der toskanischen Küche nur eine bescheidene Nebenrolle spielt, obwohl es doch genügend Zitronenbäumchen gibt und es an Früchten nicht mangelt.

Zitronenpesto ist ein aufregender Kontrast zum nüchternen Geschmack der Zucchini. Die Zucchini sollten klein und fest sein und aus biologischem Anbau stammen. Zitronenpesto eignet sich auch zu Pasta oder Gamberi sowie zu anderem gedünstetem Gemüse.

FÜR 6–8 PERSONEN

8–10 Zucchini, geraspelt
3–4 Frühlingszwiebeln, fein gehackt

Für das Zitronenpesto:
Saft und Schale von 2 unbehandelten Zitronen
2 Bund Basilikum
5–6 Knoblauchzehen, geschält
3 EL Pinienkerne, geröstet
60 ml Olivenöl
Salz und Pfeffer
3 EL Parmesan, gerieben

Die geraspelten Zucchini und gehackten Zwiebeln dämpfen, bis sie fast weich sind. Das Gemüse in ein Sieb geben und leicht ausdrücken, um überschüssige Flüssigkeit aus den Zucchini zu entfernen.

Alle Zutaten für das *Pesto* in der Moulinette oder mit dem Mixstab des elektrischen Handrührgeräts zu einer Paste verarbeiten. Zuletzt den Parmesan unter das Pesto mischen.

In einer Kasserolle das Gemüse vorsichtig erwärmen und mit dem Pesto vermischen.

Frankyes Estragon-Bohnen

Dragoncello – Estragon – breitet sich wie ein Buschfeuer in meinem Kräutergarten aus. Zwar wird das Kraut in der toskanischen Küche nur selten benutzt, aber ich habe es schon immer gemocht. Gleich neben dem Kräutergarten haben wir ein großes Bohnenbeet angelegt, und der Ertrag übertrifft alle meine Erwartungen. In diesem Zusammenhang fiel mir ein altes Bohnenrezept meiner Mutter ein. Ich habe es ein wenig abgewandelt, weil wir damals kein Olivenöl verwendeten.

FÜR 6–8 PERSONEN

1 kg zarte grüne Bohnen, geputzt
Je 1 gelbe und grüne Paprikaschote
2 EL Olivenöl
2 Zwiebeln, gehackt
4–5 Scheiben durchwachsenen Speck (Pancetta)

Für die Marinade:
180 ml Olivenöl
½ TL Salz
1 TL Zucker
Etwas Cayennepfeffer und schwarzer Pfeffer
3 Zweige Estragon, Blätter abgezupft und fein gehackt
Einige Blättchen Thymian und Oregano

❧ Bohnen dämpfen, bis sie fast gar sind. Wenn Sie keinen Topf mit Dämpfeinsatz besitzen, in reichlich Salzwasser kochen, abgießen und abtropfen lassen.

❧ Inzwischen alle Zutaten für die Marinade in eine Schüssel geben und gut verrühren. Die Paprikaschoten putzen, waschen, von den Kernen und weißen Zwischenwänden befreien und in bohnenlange Streifen schneiden. Das Öl in einer Pfanne erhitzen und die Zwiebeln mit den Paprikastreifen darin andünsten.

❧ Zwiebeln und Paprika mit den Bohnen in die Marinade geben, alles gut vermischen und mindestens 6 Stunden ziehen lassen. Dabei mehrmals wenden.

TIPP

Braten Sie einige Scheiben Pancetta knusprig und bröseln Sie diese über die Bohnen.

PECORINO di PIENZA
Fattoria Buca Nuova
RISERVA MORCHIATO
PECORINO di PIENZA
PECORINO

Parmigiano ist fester Bestandteil der toskanischen Küche, obwohl dieser aus Kuhmilch gewonnene Hartkäse aus der Emilia Romagna stammt. Waschechte Toskaner schwören freilich auf Schafskäse in all seinen Erscheinungsformen: frisch, halbreif und reif. Zwischen Hauptmahlzeit und Nachspeise wird *Pecorino* aufgetragen. Im Frühjahr gehört er zum ständigen Begleiter frischer Fava-Bohnen. Im Herbst und Winter essen wir ihn *semi-stagionato* zu Clementinen, getrockneten Feigen und Nüssen als Dessert.

Auf den hügeligen Weiden rund um Pienza werben die Schafherden für *Pecorino* und *Ricotta*. Gelbe Schilder mit der Aufschrift *Vendita diretta* weisen den Weg zu Bauernhöfen, auf denen man frischen Quark vom Erzeuger kaufen kann, dazu auch Käse, offen oder in runden Laiben, die mit einer Schicht Asche oder Blättern umhüllt sind. Beide Produkte entstehen aus Schafmilch, der Quark aus der nochmals erhitzten – daher der Name *Ricotta* – Molke.

Wenn wir Glück haben und eine Hand voll Walderdbeeren finden, marinieren wir sie in Weißwein mit etwas Zucker und rühren sie dann unter den Quark. Der Geschmack ist unvergleichlich. Die Geschäfte auf der Hauptstraße von Pienza überbieten sich im Angebot von Honig, Körben und Salami, vor allem aber einer Fülle von Käsesorten. Die muss man probiert haben, um mitreden zu können. Luftdicht verpackt, kann man sie im Gepäck mit nach Hause nehmen. Meine Schwester steckte einmal zwei Laibe in eine Plastiktüte und flog damit nach Atlanta. Daheim hing der Stallgeruch noch Tage später in ihren Kleidern.

Pecorino-Laibe sind mit Blättern umhüllt oder mit Holzasche bestreut, damit der Käse einen feineren Geschmack entwickelt und länger frisch bleibt.

Mein Überblick über die toskanische Küche wäre unvollständig, würde ich nicht auch auf die Früchte des Meeres zu sprechen kommen. Ein überall in der Toskana beliebtes Nudelgericht sind *Pasta alla scoglio,* Spaghetti mit verschiedenen Muscheln. *Scoglio* heißt Klippe oder Fels und bezeichnet die Heimat der Schalentiere.

An keinem Punkt der Toskana ist man weiter als zwei Fahrtstunden von der thyrrhenischen Küste im Westen oder der adriatischen im Osten entfernt. Wenn wir Appetit auf Meeresfrüchte haben, fahren wir nach Castelnuovo Berardenga im Chianti, um bei Antonio zu speisen, einem Fischrestaurant auf der stillen *Piazza.* Antonio, der Tag für Tag ans thyrrhenische Meer fährt, um Fisch einzukaufen, ist zur kulinarischen Legende geworden. Die Gerichte sind an Einfachheit kaum zu überbieten, aber hervorragend im Geschmack, dank seines untrüglichen Gespürs für Qualität und einer Zubereitung, bei der auf alles verzichtet wird, was den Charakter der Fischgerichte beeinflussen könnte. Ich staune immer wieder, mit welcher Kunstfertigkeit der Kellner die Mittelgräte in einem Stück entfernt.

Falls uns Edo und Maria zum Essen in ihr Landhaus einladen, rät Chiara, sollten wir alles andere zurückstellen und sofort akzeptieren. Edo arbeitet bei Perugia und kennt die besten Fischhändler, die täglich bei den Fischern an der Adria einkaufen. Von den Venusmuscheln und Hummern tropft noch das Salzwasser, wenn er sie nach Cortona bringt. Vierzig Minuten dauert die Fahrt, wenn man die Geschwindigkeitsbegrenzungen großzügig auslegt.

Das Abendessen ist unvergesslich. Selbst eine Nixe könnte keine besseren und frischeren Zutaten beschaffen. Drei Körbe frischen Gemüses für *Pinzimonio,* das die Geschmacksnerven anregt, dann *Risotto* mit *Vongole, Scampi* und *Cozze* (Venusmuscheln, Langustinen und Pfahlmuscheln) als *Primo.* Daran schließt sich eine Prozession mit riesigen Platten an, auf denen nacheinander folgende Delikatessen hereingetragen werden: frische Austern auf Seetang, *Tratufi di mare* (kleine Muscheln) und *Cozze di Margherita.* Maria ist ständig auf den Beinen, um die Schüsseln mit Muschelschalen hinauszutragen.

Während einer Pause darf geraucht werden. Dann wird der nächste Gang präsentiert. »*Le cicale*«, verkündet Edo und hält uns mit großer Geste eine Platte entgegen, so als wolle er uns das Haupt Johannes des Täufers vorsetzen. Stattdessen recken sich uns zikadenartige Köpfe – daher der Name *Cicale* – entgegen, die zu einer großen Langustenart gehören.

Jedes normale Abendessen wäre schon längst beendet gewesen, aber in der Toskana gehen die Uhren in dieser Hinsicht anders. Schließlich befinden wir uns in einem Land des absoluten kulinarischen Überflusses. Nach den *Cicale* fordern uns große Langustinen auf Eis dazu auf, wieder zur Gabel zu greifen, und den Höhepunkt und krönenden Abschluss bilden *Astice* in einem Kranz aus Flusskrebsen. Die ganze Zeit über habe ich das Gefühl, Cortona liege dicht am Meer und ich brauchte nur aus dem Fenster zu schauen, um die Brandung zu hören.

Frutti di mare bei Edo (oben);
frisches Gemüse und Honigmelonen vor einem Laden in Pienza (rechts).

L'ORTO di SILVIA
FRUTTA-VERDURA e...
LA HONDONERA
Starfas

TENUTA
IL GREPPONE
MAZZI
GRAPPA
TENIMENTI
RUFFINO

Ein Essen ohne süßen Ausklang ist für mich unvorstellbar. Meine Vorliebe für Dolce verdanke ich meiner Herkunft aus den Südstaaten der USA, wo üppige Süßspeisen, die berühmten Pies, in allen Familien üblich sind. Mich mit einem Schälchen Himbeeren zufrieden zu geben, war nie mein Fall. Aber nach so vielen Sommern in einem Land, in dem ich meine eigenen Beeren ernten und das Obst frisch vom Baum pflücken kann, bin ich allmählich von der alten Tradition abgekommen. Heute begnüge ich mich zum Dessert mit einer duftenden Birne, gieße etwas Zitronensaft über die Erdbeeren oder erhitze eine Feige in einem Löffel Honig.

Im Winter jedoch überkommen mich die alten Sehnsüchte. Wozu habe ich die Mandeln und Haselnüsse überhaupt gesammelt? Bilder von Kuchen mit Zitronencreme und Karamellglasur tauchen in der Erinnerung auf. Und in der langen Dunkelheit am offenen Kamin verlangen *Grappa* und *Vin santo* nach einer herzhaften Ergänzung.

An Wintertagen in Florenz zieht es mich unwiderstehlich in die Konditoreien, in denen es so herrlich nach Vanille und Mandeln duftet. Wenn im Dezember der Touristenrummel verklungen ist und die Schaufenster der Cafés von innen beschlagen, liegt der Geruch gerösteter Maronen in der Luft, und die Florentiner schlüpfen in ihre Pelze und Wollmäntel. Nach dem Einkaufsbummel stärken wir uns mit Cremetaschen, Schokoladegebäck und Mandelschnitten mit einem Schuss *Amaretto* – Mandellikör. Die chromblitzenden Vitrinen sind voll von Backwaren aller Art – nur frisches Obst sucht man vergebens.

Die Desserts zu den sonntäglichen Mittagessen in Cortona stammen aus Branchellis Konditorei. Schon am Vormittag stehen hier die Kunden um die schneeballgroßen, mit Vanillecreme gefüllten Meringen an. Etwa ein Dutzend davon bringen die Gäste zum Mittagessen mit, und obwohl in der Küche schon die Nachspeise bereitsteht, werden auch die Meringen bis auf den letzten Krümel aufgegessen. Sie geben der Tafel ein festliches Gepräge, sind erstaunlich leicht und gut bekömmlich. Ich kann mir vorstellen, dass sie Cortonesen, die es ins Ausland verschlagen hat, im Traum erscheinen, ebenso wie der traditionelle Fortgang des Mahls, wenn der *Vin santo* aus dem Eckschrank geholt wird und die Unterhaltung beginnt.

Es kann nicht nur an den Anstrengungen des Jagens und Erntens liegen, dass die Italiener körperlich so fit bleiben; die Menschen in den Städten gehen nicht aufs Feld, um Salat zu schneiden. Nach einem Bericht des *Corriere della Sera* weist Italien unter den Nationen Europas die niedrigste Rate an Übergewichtigen und gleichzeitig die geringste Selbstmordquote auf. Neben den unbestreitbaren Vorteilen mediterraner Ernährung muss es dafür noch andere Gründe geben. Wenn Nahrungsmittel von gleich bleibender Qualität sind, braucht man keine großen Mengen davon, um sich satt zu fühlen. Ist die Ernährung dagegen unausgewogen oder die Zubereitung der Lebensmittel mangelhaft, nimmt man mehr zu sich, als nötig wäre, weil der Körper Verlangen signalisiert. Mehrgängige Mahlzeiten haben den Vorteil, dass zum Beispiel die Fleischportionen klein sind. Zwischen den Hauptmahlzeiten gibt es nichts Süßes oder Salziges, abgesehen vielleicht von einem

Nachtisch aus Birnen und Biscotti zum Grappa auf Bramasole (links); fröhliche Tafelrunde im Le Antiche Sere in Sogna (oben).

gelegentlichen *Gelato*. Zucker ist eine der am wenigsten verwendeten Zutaten in der italienischen Küche. Diese Essgewohnheiten addieren sich zu einem gesunden Lebensstil. Ich habe schon häufig Kinder gesehen, die lieber nach einer Clementine oder Tangerine greifen als nach einem Schokoriegel.

Wir befinden uns mitten im Anbaugebiet des *Vin santo*, und aus dem Weingut Avignonesi kommt einer der besten in ganz Italien. Der Besuch der Trockenräume im Frühherbst ist für mich fast ein spirituelles Erlebnis. Die Regale des lang gestreckten Bretterschuppens sind angefüllt mit roten und grünen Trauben – Trebbiano, Grechetto und Malvasia. Von oben fällt schräges, gedämpftes Sonnenlicht ein. Der Duft ist unbeschreiblich – ein wenig muffig wegen der verdunstenden Feuchtigkeit, aber fruchtig und wärmend. Einst soll *Vin santo* der Wein des heiligen Sakraments der Kommunion gewesen sein, heute ist er der beliebteste Dessertwein der Toskana. Auf Bramasole habe ich einige Flaschen *Vin santo* von verschiedenen Freunden – selbst ausgebaut und auf Mineralwasserflaschen gezogen. Anselmos Wein kommt nur zu besonderen Anlässen auf den Tisch. Er war unser erster Freund in Cortona, und seit er tot ist, überkommt uns ein merkwürdiges Gefühl, wenn wir seinen herrlichen *Vin santo* genießen.

Vin santo wird häufig als nussig beschrieben, wie Sherry, aber schon beim ersten Schluck spüre ich den Geruch einer heiligen Messe in einer alten Kirche, sehe ich die Reihen von Nägeln in Scheunenbalken, an denen die Trauben trocknen.

In toskanischen Häusern kann es auch dem unerwarteten Besucher passieren, dass ihm ein Gläschen *Vin santo* gereicht wird, sogar schon am Vormittag, und eine Schale mit *Biscotti* zum Eintauchen. Ich persönlich würde niemals einen Keks in *Vin santo* tauchen, schon gar nicht in einen von besonderer Güte, sondern lieber Käse und Obst dazu essen.

Heuer hat uns unser zweijähriger Aprikosenbaum fünf wunderschöne Früchte beschert – es ist wie ein Versprechen künftiger großer Ernten. Pfirsiche und Aprikosen sind meine Lieblingsfrüchte, dazu die saftigen Kirschen im Frühsommer und natürlich die Melonen. Wilde Brombeeren wachsen hier im Überfluss. Chiara begleitet mich beim Pflücken. Meine Ausbeute verwende ich für Brombeerkuchen, Chiara hingegen verarbeitet die ihren zu Marmelade, wobei sie peinlichst darauf achtet, dass alle Kerne entfernt werden.

Ed liebt die reifen Feigen, ich die saftigen, dunkelblauen Pflaumen. Die Toskana schwelgt in einem Überfluss an Obst. Im Sommer vergeht kaum ein Tag, ohne dass Lucio seinen Fiat in der Einfahrt parkt und drei Wassermelonen oder zwei Honigmelonen von der Ladefläche holt. Abends kommt Fiorella mit einer Wassermelone und meint, Lucio habe ihr zu viele gebracht und ob wir eine brauchen könnten. Mit einer Wassermelone unter jedem Arm tanzt Ed durch die Küche wie ein Schamane bei einem heidnischen Dankesopfer. Das Schwelgen im Überfluss berauscht die Sinne.

Alter Stein zum Anbinden von Rebstöcken auf Bramasole (oben); Trockenraum für die Trauben des Vin santo auf dem Weingut Avignonesi (rechts); Weingut Trerose, die Rebstöcke im Vordergrund tragen Trauben für den Vin santo (nächste Doppelseite).

Sorbetto di Clementina

Clementinensorbet

Im Winter, wenn die kleinen Clementinen aus Sizilien im Handel sind, biete ich gern dieses einfach zuzubereitende Sorbet an. Dazu reiche ich waffeldünne Schokoladenkekse.

FÜR 8 PERSONEN

Schale von 3 unbehandelten Clementinen
½ Liter Saft von Clementine oder Tangerine
1 EL Vin santo
300 ml Wasser
2 EL Zitronensaft
350 ml Wasser
170 g Zucker

Die Clementinenschalen sehr fein hacken und mit dem Clementinensaft, dem Vin santo, dem Zitronensaft und 300 ml kaltem Wasser vermischen. Die Saftmischung kalt stellen.

Den Zucker mit 350 ml Wasser aufkochen und bei milder Hitze 5 Minuten unter Rühren kochen lassen. Den abgekühlten Sirup unter den Fruchtsaft mischen und das Sorbet in der Eismaschine nach Angaben des Herstellers zubereiten.

Valentinas »Gelato« al Parmigiano

Parmesan-Eiscreme

Valentina und Gioia Olivastri sind die Töchter eines Kunstmalers und Lehrers. Valentina studiert in England, Gioia arbeitet als Modeschöpferin in Cortona. Valentina hat uns schon mehrmals auf ausgedehnte Wanderungen durchs Land mitgenommen. Gioia teilt unser Interesse an der Geschichte Cortonas und hat uns etruskische Gänge und Straßen unter einem Palazzo gezeigt. Alles, was die beiden jungen Frauen unternehmen, entspringt ihrem aufgeschlossenen, kreativen Wesen. So auch dieses ungewöhnliche Dessert.

FÜR 4 PERSONEN

200 g Parmesan, gerieben
400 ml Crème double
Prise Pfeffer
2 Birnen
8 blaue Trauben
12 Croutons
2 EL Aceto balsamico (mindestens 8 Jahre alt)

Den geriebenen Käse mit der Crème double und dem Pfeffer verrühren. Die Masse im Wasserbad leicht erhitzen und rühren, bis die Mischung glatt und cremig ist. Die Mischung durch ein Sieb in eine flache Form streichen und 12 Stunden ins Tiefkühlgerät stellen.

Die Birnen schälen, halbieren und entkernen. Die Hälften vorn längs einschneiden und auf Tellern fächerförmig anrichten. Die Birnen mit Trauben und Croutons garnieren und die Eiscreme in Kugeln darauf verteilen. Alles mit Aceto balsamico beträufeln.

Lorettas Schokoladenmousse

Loretta und Vincenzo führen das Ristorante Le Antiche Sere in Sogna, einem versteckt gelegenen, mittelalterlichen Borgo. Das Lokal wurde von Fulvio di Rosa vollständig restauriert. Sie sollten unbedingt reservieren, wenn Sie dort essen gehen wollen, denn das Lokal ist winzig, aber erstklassig.

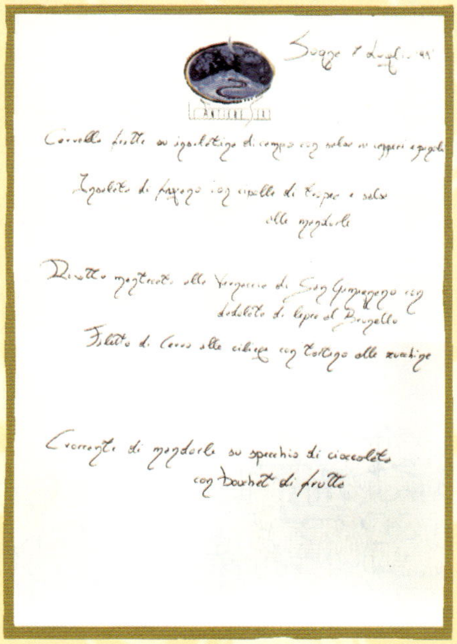
Risotto mantecato alla Vernaccia di San Gimignano con dadolato di lepre al Brunello

Croccante di mandorle su specchio di cioccolato con bouquet di frutta

FÜR 10 PERSONEN

400 g Halbbitterschokolade
300 g Butter
8 Eier
300 g Mandeln, geröstet und fein gemahlen
150 g Puderzucker, gesiebt
Etwas Butter für die Schalen
170 g weiße Schokolade
2 EL Cognac

Die Halbbitterschokolade mit der Butter im Wasserbad schmelzen und 5 Minuten abkühlen lassen. Die Eier trennen. Die 8 Eigelbe schaumig schlagen und im Wasserbad unter die Schokolade rühren. Die Mandeln und den Puderzucker ebenfalls unter die Masse rühren und alles abkühlen lassen. Die 8 Eiweiße steif schlagen und behutsam unter die Mischung ziehen. Den Backofen auf 175 °C vorheizen.

10 ofenfeste Portionsschälchen mit Butter ausfetten, die Schokoladenmousse darauf verteilen und im Ofen 25–30 Minuten backen.

Inzwischen die weiße Schokolade im Wasserbad schmelzen und mit dem Cognac verrühren. Die Schokoladenmousse auf vorgewärmte Teller stürzen und mit der weißen Schokolade umgießen.

Birnen in Vino Nobile

Pochierte Birnen lassen sich hübsch garnieren. Im Winter reichert man ihren Geschmack an, indem man Gorgonzola, geröstetes Brot und in Butter und Salz geröstete Walnüsse dazu reicht. Im Sommer serviert man sie mit gesüßtem Mascarpone und Spiralen aus Zitronenschale.

FÜR 6 PERSONEN

6 feste Birnen mit Stiel
Saft von 1 Zitrone
1/4 Liter Rotwein
50 g Zucker
1 Vanilleschote
50 g Johannisbeeren
3–4 Gewürznelken

Die Birnen schälen, dabei die Stiele an den Früchten lassen. An der dicken Seite gerade schneiden und aufrecht in einen Topf stellen. Die Birnen mit Zitronensaft beträufeln, mit dem Wein übergießen und mit dem Zucker bestreuen. Die Vanilleschote mit einem scharfen Messer längs aufschlitzen und das Mark herausschaben. Das Vanillemark mit den Johannisbeeren und den Nelken in den Wein geben.

Die Birnen zugedeckt 20 Minuten köcheln lassen. Sie dürfen nicht zu weich werden. Nach etwa der Hälfte der Garzeit die Birnen auf die Seite legen und mehrmals mit dem Wein begießen.

Die Birnen auf Desserttellern anrichten, mit Weinsauce begießen und warm servieren.

In Vino nobile pochierte Birnen – ein köstliches Dessert (rechts); auf Bramasole werden liebe Gäste erwartet (Doppelseite 226–227)

LA BELLEZZA

Die Schönheit

Komm und sieh das Licht!
Sieh, wie die Hügel tausendfach das Licht einfangen.
Welch ein Friede liegt über dem Land!
Ich spüre mehr als ich weiß, dass die Zufriedenheit
der Menschen auch von der Schönheit kommt,
die sie in der Landschaft Italiens umgibt.

LA BELLEZZA

Die Schönheit

Licht. Als ich Maria fragte, wann ihr Sohn geboren wurde, sagte sie: »*Il venticinque di gennaio – Lorenzo è dato alla luce.*« Wörtlich übersetzt heißt das: Am 25. Januar wurde Lorenzo dem Licht gegeben. Ich hatte diese Formulierung schon in der Zeitung gelesen und zu meinem Erstaunen festgestellt, dass damit die Geburt gemeint war. Welch schöne Metapher, zu sagen, man übergibt das Neugeborene dem Wunder des Lichts.

Ich finde sie auch deshalb so ergreifend, weil sie etwas beinhaltet, das auch ich empfinde: die Gnade, im Licht Italiens leben zu dürfen, stündlich, täglich und zu jeder Jahreszeit dem Licht gegeben zu werden. »Komm und schau dir dieses Licht an«, hat Ed schon tausendmal gerufen. Zu jeder Tageszeit öffne ich die Fensterläden meines Arbeitszimmers im zweiten Stock, um das Schauspiel zu genießen, wie die Hügel das Licht einfangen. Friede liegt über dem Land. Ich spüre mehr als dass ich weiß, dass die Zufriedenheit der Menschen auch von der Schönheit kommt, die sie in der Landschaft Italiens umgibt.

»Halt mal an! Hast du jemals ein Tal gesehen wie dieses?« Ich steige aus, und Ed parkt den Wagen dicht an der Felswand. Die weiß und rötlich schimmernde Kuppel von Santa Maria Nuova liegt unter mir, scheint im blassrosa Licht zu schweben, das über dem Tal hängt. Die schräg einfallenden Strahlen der untergehenden Sonne lassen die Dachziegel der Gehöfte golden erstrahlen und spiegeln sich auf Eds Gesicht. Er sieht aus wie eine Lichtgestalt. Was du siehst, sieht auch dich.

An einem Morgen Anfang Dezember ist der Himmel leer gefegt vom rauen Wind, der Tags zuvor die Obstbäume entlaubt, losen Putz von der Fassade gerissen, abgestorbene Äste geknickt und mit Pinienzapfen geworfen hat. Wir hatten Feuer im Kamin gemacht, um den Nachmittag lesend zu verbringen, aber die Böen drückten den Rauch ins Zimmer und zwangen uns, die Tür zu öffnen und den kalten Nordwind hereinzulassen.

Nach dem Wettersturz ist der Tag am nächsten Morgen so strahlendblau wie die Augen meiner Mutter. Der Winter steht vor der Tür, sein Eiseshauch liegt schon in der Luft, die ich in tiefen Zügen atme. Die Piniennadeln schimmern hell, als läge schon Reif auf ihnen, wogegen die Zypressen so stoisch stehen wie immer, als ginge sie das Wetter nichts an.

Mit der Jahreszeit wechseln die Lichtverhältnisse. Wenn ich im Frühjahr aus dem Fenster schaue, erscheinen die Hügel und Bäume in einem Grün, das mir schon als Kind Rätsel aufgegeben hat. In meinem Malkasten gab es eine Pastellkreide von einem so giftigen Grün, dass ich damit keine Laubbäume malen wollte, weil es mir so unnatürlich erschien. Aber hier in Italien wirkt das gleiche Grün milder, wenn der Abend naht, weniger aggressiv, und es überzieht die Hügel, jede Knospe der Mandel- und Pflaumenbäume, mit einem gleichmäßigen Farbhauch. Wenn im Frühjahr als Erste die Mandelbäume erblühen, dann Pflaume, Apfel, Birne und Kirsche, mischen sich die Farben ihrer Blüten in dieses unwirkliche Grün.

Bauernhof und Privatkapelle im Val d'Orcia (Doppelseite 228–229);
Marienaltar in S. Pietro a Cegliolo nahe Cortona (links).

Im Sommer wird das Grün tiefer, und die Bodensenken und Mulden ähneln blauen Lagunen. Mit dem Botanikführer gehen wir hinaus, um die Wildblumen zu identifizieren. Auf unserem Land wachsen orangefarbene Lilien, die gefiederte Wilde Möhre, Hundsrosen, kleine Narzissen, Iris und Buschnelken, Kornblumen und Ranunkeln, Astern und viele andere, deren Namen ich nicht kenne. Es gehört nicht zu meinen Stärken, Pflanzen, Tiere und Mineralien anhand von Bestimmungsbüchern zu identifizieren. Wer will schon wissen, wie all die verschiedenen Mohnblumen heißen, die zu Millionen auf Feldern, in Gräben und Olivenhainen, auf den Terrassen und zwischen den Feldsteinen wachsen? Für die Bauern sind sie Unkraut, für mich eine Augenweide. Im Frühjahr und Sommer unternehmen wir oft nur deshalb größere Fahrten über Land, um die Mohnblüte mitzuerleben und die herrlichen Lupinen an den Straßenrändern zu bewundern.

Die Farbe des Himmels wechselt ständig, aber am Mittag ist er glasklar und stahlblau. Es scheint, als würde der Nachmittag schichtweise unter der glühenden Sonne dahinschmelzen. Der Dichter Ungaretti spricht in diesem Zusammenhang vom »Gebrüll der nackten Sonne«. Die Luft nimmt die Farbe flüssigen Goldes an, und die Weizen- und Sonnenblumenfelder verschmelzen mit dem Himmel. In den Städten fließt das goldene Licht durch die Gassen und lässt die Gesichter der Menschen aufleuchten, so dass sie wie von einem Strahlenkranz umgeben scheinen. Meine eindrucksvollsten Erlebnisse habe ich, wenn ich beim *Cappuccino* draußen vor der Bar sitze und beobachte, wie das fließende Licht die Menschen verändert. Abgesehen von einigen heftigen Gewittern regnet es in der Toskana den Sommer über kaum. Nach der Weizenernte verdorren die Hügel und Felder und bleichen aus. Desto markanter treten die dunklen Formen der Zypressen hervor. Wie stumme Wächter stehen sie auf kahlen Hügelkuppen.

Im Herbst setzt der Regen ein und überzieht das Land mit samtigem Grün, ganz anders als im Frühjahr und viel üppiger. Wenn in den Laubkronen bunte Farbtupfer erscheinen, wird die Luft so klar, dass man jedes Blatt einzeln wahrnimmt. Ich wünschte mir das Talent, die Sonnenuntergänge im Herbst zu malen. Sie mit Worten beschreiben zu wollen, wäre zu pathetisch; denn über dem Tal scheint ein Goldregen niederzugehen, wie im Märchen, und einen Schleier herabzulassen zwischen mir und dem Feuerball am westlichen Horizont. Am Himmel entfaltet sich ein Kaleidoskop der leuchtendsten Farben, die man sich vorstellen kann, die einander durchziehen, sich überlagern und ineinander verfließen. Wer dieses Schauspiel Tag für Tag genießen darf, hat das Gefühl, dem Schöpfungsakt beizuwohnen.

Im fahlen Licht des Winters wirken die Steinfassaden der Häuser abweisend und unnahbar. In den ausgedehnten Niederungen des Val di Chiana sammelt sich der Nebel. Die Leute schauen hinunter auf das unendliche wogende Weiß und nennen es *Mare* – das Meer. Kirchtürme, die es überragen, sehen aus wie die letzten Zeugen einer versunkenen Stadt. Cortona wird zur Insel, als wäre die isolierte Höhenlage nicht abgeschieden genug. Bramasole liegt noch etwas höher als die Stadt. Den ganzen Tag können wir miterleben, wie es unten im Tal brodelt, wallt und wogt. Manchmal drückt die kalte Luft

Nahe Monticchiello (oben);
Talblick von Monticchiello aus (rechts);
Mohnfeld bei Montepulciano im Frühjahr (nächste Doppelseite).

den Hochnebel herab, während oben die Sonne scheint, und das Zwielicht verstärkt noch das Gefühl der Irrealität und Entmaterialisierung. Gelegentlich bricht das Tagesgestirn durch, und ich lebe auf. Dann wieder kommen Tage, an denen der Himmel die Farbe von *Morchia* annimmt, dunkel und grünlichgrau wird wie der trübe Rückstand von Olivenöl, und ich sehne mich nach dem Frühling.

Das ganze Jahr hindurch sind die Sterne groß und nah; im Winter machen sie mir fast Angst. Ihr Licht ist so grell, dass es die Fensterscheiben nicht durchdringt, sondern durchbohrt. Der unendliche Himmel schüttet über uns Menschen sein Füllhorn aus. Manchmal regt sich in mir der primitive Wunsch, zu den Sternen zu sprechen, aber ich kann es nicht, denn mir fehlen die Worte. Wenn ich mitten in der Nacht aufwache und Ed erzählen will, wie schön die Mondsichel am Himmel steht, fällt mir nichts ein außer: »Der Mond sieht wieder aus wie die türkische Fahne.«

»Was treibst du denn? Komm wieder ins Bett. Und mach die Läden zu, es ist kalt!«

Sonnenaufgänge sind lieblich – regenbogenfarben schillernde Streifen in Elfenbein und Pfirsich. Es ist so still, dass ich am Fenster stehe und glaube, Fenchel und Radicchio wachsen zu hören. Wer würde es wagen, das uralte Ritual des Sonnenaufgangs zu beschreiben? Gerard Manley Hopkins hatte den Mut, wider den Stachel zu löcken. Mit sechzehn las ich zum ersten Mal sein Gedicht »Gottes Größe«, in dem er beschreibt, wie wir uns der Größe berauben, indem wir uns »zu Krämerseelen erniedrigen« und uns im »Kot der Mühsal wälzen«. Das Gedicht schließt mit den Versen:

And for all this, nature is never spent;
Dennoch verausgabt die Natur sich niemals ganz;
There lives the dearest freshness deep
down things;
Herrlichste Frische lebt am Grund aller Dinge;
And though the last lights off the black
West went
Obwohl das letzte Licht das Schwarz des Westens schluckt
Oh, morning, at the brown brink eastward, springs
Schon bald des Morgens heller Strahl des Ostens Rand entspringt
Because the Holy Ghost over the bent
Weil der Heilige Geist die gewölbte Welt umspannt
World broods with warm breast and with ah!
bright wings.
und behütet, mit wärmender Brust und leuchtenden Schwingen.

Größe ist ein Wort, das man in diesem Zusammenhang nur selten hört. Aber sie ist gegenwärtig, Morgen für Morgen, gleich draußen vor dem Fenster. Wo ist die reale Welt? Hier natürlich. In Licht gebadet betritt das Neugeborene die Welt.

Frühsommer und Spätsommer im Val d'Orcia (Doppelseite 238-239);
die mittelalterlichen Türme von San Gimignano (vorhergehende Doppelseite);
Gasse in Siena (rechts);
von der Sonne beschienene Statuen in einem Kloster in Pienza (nächste Doppelseite);
die Kirche S. Biagio im Nebel (übernächste Doppelseite).

Stein. Bräunlich gelber Travertin, milchigweißer Alabaster, Granit in vielen Grautönen, goldfarbener, rauer Tuff, citringelber oder ins Rosa spielender Kalkstein. Und Marmor. Auf meinem Schreibsekretär liegt ein Lineal aus Marmor in zwölf verschiedenen Farben. Die Bauwerke der Toskana sind aus dem Material errichtet, das ihr Fundament bildet, und Stein ist die Grundlage für die Schönheit des Landes. Ich hätte mir niemals träumen lassen, dass ich eines Tages Steine schleppen würde, einfach so von A nach B und dann weiter nach C. Einfacher und praktischer geht es gar nicht. Sie brauchen eine Mauer um den Gastank? Kein Problem. Man geht hinaus aufs Feld und schleppt einige Stunden lang Steine herbei. Neuer Gartengrill? Dieselbe Prozedur. Jedes Haus hat sein eigenes Steinlager. Das unsere besteht aus drei Haufen großer, mittelgroßer und kleiner Steine.

Weil die Häuser aus dem Material erbaut sind, auf dem sie stehen – oder aus einem, das aus der Nähe herangeholt wird, fügen sie sich harmonisch in ihre Umgebung ein und werden Teil von ihr. Bei jeder Fahrt über Land fällt auf, dass die Farbe der Gehöfte sich entsprechend der Bodenfarbe ändert. Volterra, Montepulciano, Cortona und viele andere Städte haben ihre eigene Farbpalette. Als ich eines meiner Bücher, auf dessen Umschlag ein Haus bei Siena abgebildet ist, meinen Freunden zeigte, fragten sie mich sofort, warum die Wahl auf dieses Bild gefallen sei, da ich doch in Cortona wohne.

Nach Jahrhunderten der Bewirtschaftung, wobei ständig neue Terrassen in die steilen Hänge gegraben wurden, ist die Toskana vom Menschen geprägt. Zwar gibt es noch einige Flecken unberührter Natur, aber der weitaus größere Teil ist geformt von jahrtausendelanger Kultur. Liest man die Zeichen der Landschaft, erzählen sie die Geschichte der Menschen, die hier gelebt haben. Nach alter Tradition war das Weizenfeld umgeben von Olivenbäumen, zwischen denen Rebstöcke wuchsen. So hatte man alles, was man brauchte: Getreide fürs Brot, Oliven fürs Öl und Trauben für den Wein – die Sakramente des Lebens. Zum Haus gehörte so viel Land, wie die Familie bestellen konnte. Es wurde, wann immer möglich, nach dem Sonnenstand bei Sommersonnwende ausgerichtet. Ich fühlte instinktiv bei meinem Haus, dass jemand lange nach der Sonne geschaut haben muss, ehe er den ersten Eckstein verlegte. Und wenn das Gelände eine interessante Aussicht bot, nutzte man auch das. Bramasole ist ein schönes Beispiel dafür, das ich jeden Tag mehr zu schätzen weiß.

Leopold II. von Österreich, Großherzog der Toskana von 1765 bis 1790, hat im Val di Chiana eine Art Siedlungsprojekt für Bauern ins Leben gerufen. Charakteristisch für die Viereckhöfe, die man ihm zu Ehren *Leopoldini* nannte, ist auch das rechteckige Taubenhaus auf dem Dach. Heute entdeckt man nur noch gelegentlich einen solchen Hof in den Weizen- und Sonnenblumenfeldern. Einer hat als hübsch renovierter *Agriturismo* – Landgasthof – überlebt, die meisten anderen sind Ruinen oder dienen als Scheunen für Weizenstroh. *Pericoloso* hat jemand an die Innenwand eines dieser Überreste geschrieben. Die Einsturzgefahr konnte mich aber nicht daran hindern, das alte Gemäuer zu betreten, um einen Eindruck davon zu gewinnen, wie man hier wohl gelebt haben mag. Diese altehrwürdigen *Case coloniche* aus Feldsteinen prägen die toskanische Landschaft nicht weniger nachhaltig als die

Verlassenes Gehöft im Val di Chiana (links);
die Feldsteinmauer der Kräuterterrasse auf Bramasole (oben).

in Terrassen gegliederten Hügelhänge und die Zypressengruppen.

Auf dem Land verfallen die alten Trockenmauern. Ob jemand eine Organisation gründen wird, diese wichtigen Kulturzeugen zu retten? Auf unserem Grund sind bereits zwei Mauern eingestürzt. Baumwurzeln, Frost, kleine Erdrutsche zermürben die Fundamente. Wir ließen beide wieder herrichten, aber im Frühjahr, als es stark regnete, brach eine davon wieder zusammen. Seit einigen Jahre habe ich ein Faible für Steine entwickelt, besonders für Feldsteingemäuer. Die Hand eines erfahrenen Baumeisters lässt sich hier leicht erkennen. Da ist die Art, wie die Steine im Verband verlegt sind, die leichte Neigung zum Hang hin, die Berechnung der Tragfähigkeit und die Drainage zum Ableiten des Stauwassers. Man lernt verstehen, warum ein bestimmter Stein an einer bestimmten Stelle liegt. Es gibt auch schlampig errichtete Mauern, bei denen man Backsteinbrocken und Tonscherben in die Fugen gesteckt hat. Im Vorübergehen streiche ich mit der Hand über die weiß-grünen Flechten und das feuchte Moos. Auf der Stadtmauer von Cortona wuchern Kapernsträucher. Auf unseren gedeihen Veilchen, Mohn, Löwenzahn, Farne und Kamille. Eidechsen huschen darüber. In früheren Zeiten sah man in den Steinen das Knochengerüst von Mutter Erde. Mit gefällt dieser Vergleich.

Als Fulvio di Rosa, ein Architekt aus Lucignano, das Dorf Sogna restaurierte, ging er dabei mit großer Rücksicht auf Art und Charakter der Steine zu Werk. Der kleine Ort war seit Ende des Zweiten Weltkriegs nicht mehr bewohnt, und fünfzig Jahre Stadtentwicklung waren darüber hinweggegangen. Als ich Sogna an einem Sommerabend zum ersten Mal sah, stellte ich eine Beziehung zu *Sogno* her – ein Traum, der durch eine Lücke im Zeitgefüge in die Gegenwart versetzt worden sei. Fulvio lachte und sagte, dass *Sogna* mit a am Ende ganz banal »Schweinefett« bedeute.

Er hat die Gebäude mit großem Einfühlungsvermögen restauriert. Der Plattenbelag der Gassen ist nicht mit Beton verfugt. Keine hässlichen Stromkabel verschandeln das Bild. Schwimmbäder wirken meistens wie hässliche Narben in der Landschaft; das seine hingegen besteht aus Naturstein und wirkt harmonisch wie ein Teich im Wald. Im Erdgeschoss der Gebäude, wo die Ställe waren, hat er kaum etwas verändert. Die Krippen dienen als Stauraum, und die Drainage der Steinböden aus Terrakottarohren ist ebenfalls erhalten geblieben. Fulvio liebt die Klarheit der Formen und hat einige zeitgenössische Skulpturen aufgestellt. In den teilweise möblierten Räumen stehen Designermöbel aus Mailand. Wir richten es gewöhnlich so ein, dass wir im Sommer bei Anbruch der Abenddämmerung in Sogna eintreffen und Zeit für einen Spaziergang haben, bevor wir bei Vincenzo und Loretta zu Abend essen. *Le Antiche Sere* ist ein kleines, aber hervorragendes Restaurant mit einer familiären Atmosphäre. Mit Unterstützung ihrer Töchter Simona und Barbara zelebrieren Vincenzo und Loretta die Höhepunkte der italienischen Küche. Die Speisenkarte wechselt täglich. Man braucht sich eigentlich nur zu setzen und den Dingen ihren Lauf zu lassen. Kräuterterrine, grüne Erbsen mit Thymian und Hummer, Jungschweinbraten mit Nelken und Orangen, Wild mit Kirschen, Lamm mit Wacholderbeeren und Balsamicosauce.

Auch die Nachspeisen sind umwerfend. *Cassata* lässt Vincenzo aus Sizilien einfliegen, und Loretta kreiert ihre Mousse aus dunkler und weißer Schokolade. Sogna mag Schweinefett heißen oder was auch immer – für mich ist es ein Traum am Ende eines staubigen Weges in einer verzauberten Landschaft.

Von Zypressen umgebenes Gehöft nahe San Quirico (vorhergehende Doppelseite);
behauene Steine mit Minerva und geometrischen Motiven in einer Mauer in Montepulciano (rechts);
weißer Schotterweg bei Pienza (nächste Doppelseite).

Gesichter. Wenn ich mir die Schönheit der Toskana vor Augen halte, erkenne ich, dass die dortige Kunst eine bodenständige ist und ihren Ursprung im Zusammenspiel des Lichts mit der Landschaft, mit den Städten und mit den Gesichtern der Menschen hat. Jedem Besucher der Toskana fällt früher oder später auf, dass die Hintergründe szenischer Bildwerke Eindrücke zeigen, wie man sie auf einer Fahrt durch die Landschaft selbst wahrnehmen kann. Verweilt man länger, stellt man das auch bei den Gesichtern der Menschen fest. Diesem Mann, der am Markttag mit den Händen in den Taschen skeptischen Blicks einen Traktor inspiziert, ist man doch gestern erst auf einem der restaurierten Fresken Piero della Francescas in Arezzo begegnet. Wie viele bildschöne Madonnen habe ich schon gesehen – in Bars mit der Zigarette in der Hand, hinter einem Kinderwagen oder als Serviererin? Die Italiener sind ein sesshaftes Volk. Die geografischen Verhältnisse und die politische Machtverteilung sorgten dafür, dass sie in der Heimat blieben. Die dadurch bedingte genetische Kontinuität hat dazu geführt, dass man Gesichtern begegnet, die schon Piero und Sodomo vertraut waren. Inzwischen hat sich zwar vieles verändert, aber auf einem Spaziergang durch Cortona kommt es mir manchmal vor, als wäre manch einer gerade aus einem Gemälde von Signorelli oder Fra Angelico getreten.

Campanilismo, die Fixierung auf den eigenen Kirchturm und die Nestwärme der engsten Heimat, ist in Italien weit verbreitet. Ich kenne Toskaner, die noch nie in ihrem Leben in Lucca oder Pisa waren. Wenn wir von Besuchen in Ascoli Piceno, Norcia oder Spoleto berichten, hören wir oft: »*Meglio qui a Cortona*«, hier in Cortona ist es schöner.

Chiara Sciarri aus Cortona als mittelalterliche Hofdame.

Andrea hat kein Verständnis für solche Menschen. »Die haben Angst, die Nase aus dem Stadttor zu stecken«, meint er geringschätzig. Andererseits suchen viele Italiener das Abenteuer großer Reisen, ans Rote Meer zum Beispiel, das gerade en vogue ist. Jemand organisiert die Reise zu einem vernünftigen Preis und findet in einer Kleinstadt auf Anhieb dreißig Leute, die sich gut kennen und gemeinsam Urlaub machen wollen. Mir und meinen Kolleginnen an der Universität würde das nicht im Traum einfallen, aber ich bewundere das Zusammengehörigkeitsgefühl der Menschen, die solche Gruppenreisen unternehmen. Wenn sie wieder nach Hause kommen, braun gebrannt und gut erholt, werden noch Wochen später Fotos ausgetauscht, und man lacht sich krumm über Armando, den Montezumas Rache ereilte, so dass er seinen Urlaub auf dem Klo verbringen musste.

Neben dem von schwarzen Löckchen umrahmten Gesicht einer Renaissanceschönheit oder dem Reiter, der gerade einem Gemälde von Raphael entstiegen sein könnte, faszinieren mich vor allem Charakterköpfe. Wer ist diese Frau mit dem ausdrucksvollen Gesicht, frage ich mich, oder der gebeugte Mann, der mich mit seinen kohlschwarzen Augen misst, als könnte er meine Zukunft lesen. »Schau, da sitzt Elizabeth Taylor«, flüstere ich Ed zu, als wir an einer Gruppe von Frauen vorbeigehen. Durch Zufall kam ich in London mit einem Mann ins Gespräch, der Jahre zuvor Cortona besucht hatte. »Sitzt Elizabeth Taylor noch immer vor dem Schuhgeschäft?«, fragte er mich.

Ich sitze an einem Tisch, auf dem Trottoir oder auf den Stufen zum Rathaus und sehe Nella auf ihrer *Vespa* über die *Piazza* flitzen, das schön gezeichnete Gesicht mutig in den Fahrtwind gereckt und strotzend vor Kraft. Dass sie Mitte siebzig ist, sieht man ihr nicht an. Donatella geht vorbei und wendet mir ihr pompeianisches Profil zu. Ich laufe Roberto in die Arme, der seinen Bart streicht und zum hundertsten Mal schwört, dass er seine Professur an den Nagel hängen und auf irgendeiner griechischen Insel eine *Pizzeria* eröffnen wird. Vor Francesco mit seinen Furcht einflößenden Augenbrauen würde ich schreiend davonlaufen, wenn ich ihn nicht kennen würde und wüsste, dass er so sanft ist wie sein heiliger Namensvetter. Chiara tritt aus dem Laden ihrer Tante; ihr Gesicht strahlt wie eine Sonnenblume. Wenn sie lächelt, drehen sich alle nach ihr um.

Wir sind in die Toskana gekommen wegen der Kunst, des Essens und des Weins, wegen der Etrusker, der Zypressen, der Olivenbäume – mit einem Wort: wegen der *Bellezza*. Geblieben sind wir wegen der Menschen. Denn sie sind aufrichtig, offenherzig und verbindlich.

In ihren charaktervollen Gesichtern offenbaren sich die dauerhaften Strukturen etruskischer Mauern, die schemenhaften Umrisse der Zypressen im Nebel, die Erschütterungen einer wechselvollen Geschichte, die den Zusammenhalt in engstem Kreis erzwungen hat, die in der etruskischen Tradition wurzelnde Philosophie der Gastfreundschaft, das changierende Spiel des Lichts über den Weizenfeldern, eine auf heidnisches Brauchtum zurückgehende Verbundenheit mit der Natur, die tiefen Schatten in den Nischen und Ecken der steilen Gassen, die Abende und Nächte am gedeckten Tisch.

Francesco Barboncini, einer der freiwilligen Helfer bei der Sagra dell Ciaccia Fritta nahe Cortona (links); ein Koch bei der Sagra della Bistecca in Cortona (oben); Tafel mit Sterbebildchen an der Fassade von S. Pietro a Cegliolo (nächste Doppelseite).

RIPOSINO NE
PELUCCHINI ERSILIA
ved. SBANCHI
CAMILLONI RICCARDO
CAROLINA ARMINI
IN ACCORDI
CATERINI BRUNO
Mons. PIETR
ZUCCHINI ROBERTO
VITI ROSA nei CATERINI
Umbelici Giuseppe
CORRADO CATERINI
nato il 27 Gennaio 1922
morto il 10 Marzo, 1956
BEMOCCOLI IVO
ANGELO MALEN
DOMENICO CECCARELLI
CONTI MARIO
BALDOLUNGHI GIUSEPPE
N. 18 aprile 1905
M. 6 maggio 1977
NOVELLI FRANCESCO
BIAGIANTI
Sandrelli Marietta
PIA MEONI
VED. SANDRELLI
GIUSEPPA DEL DURO
Ved. MUNICCHI
Municchi Brunetto
BRIGANTI GUIDO
GIUSEPPE MALENTACCHI
n. 22-1-1934
m. 13-5-1978

LLA PACE
Canonico TACCONI Mons. RENATO
Parroco di S. Filippo
Cancelliere Vescovile
Can. D. ROBERTO LUCIOLI
N. 17 Novembre 1911
M. 9 Gennaio 1971
CORTONA
Can. Don Aldo Garzi
CORTONA
Padre ABRAMO GARZI
Don ANSELMO ZAPPALORTO
Zucchini Stella
ANGIOLO BARDI
n. 10 Agosto 1919
m. 25 Giugno 1971
ELISA BRIGANTI nei ROMBOLI
VINCENZO ROMBOLI
A ricordo di Sergio Ciufegni
BIAGIANTI GIUSEPPE
ANGELICA SEGANTINI in BIAGIANTI
POSTIFERI IDA
CAMILLONI ADALGISA ved. CATERINI
FRANCESCA BRIGANTI in VESPI
ROSA SEVERINI ved. ROGGIOLANI
BASANIERI PASQUALE
Ugo Caterini
FRANCESCA MALENTACCHI
LORENZONI LEO

Gesichter aus der Toskana, von oben im Uhrzeigersinn: Palma Paolelli; Zuschauer beim Festzug in Cortona; Gianno Mariotte mit Sohn; Bäuerin mit Kaninchenfutter; Matteo Lodovichi; Guiseppe Moretti, Steinmetz; Ivan Botanici; Placido Cardinali mit Wiedehopf. Rechts: Chiara Cardinali.

DOVE

Wo Sie finden, was Sie suchen

Hier sind die in diesem Buch erwähnten Tipps für Geist und Gaumen übersichtlich zusammengestellt, dazu noch einige weitere Entdeckungen. Die Liste ist keineswegs vollständig und will nur andeuten, welche Freuden und Überraschungen Ausflüge aufs Land zu bieten haben. Erkundigen Sie sich vorher über Ferientermine, Feiertage und eventuelle Adressenänderungen. Alle Ortsvorwahlnummern in Italien beginnen mit 0. Abkürzung der Provinzhauptstädte in Klammern hinter dem Ortsnamen. Die Straßenkarten des Touring Club Italiano sind sehr zu empfehlen. Die aktuellen Zugverbindungen stehen im Internet. Detaillierte Wanderkarten von Edizioni Multigraphic gibt es in allen Buchhandlungen.

FESTE UND VERANSTALTUNGEN

In den Tourismus-Büros der Toskana erhalten Sie Auskunft über Konzerte, Festveranstaltungen und andere Ereignisse. Einen monatlichen Veranstaltungskalender für ganz Italien finden Sie in der Zeitschrift *Oggi Verde*. Auch wenn Sie nicht italienisch sprechen, können Sie hier Städte und Ortschaften heraussuchen, in denen *Feste* oder *Sagre* stattfinden. Im September und Oktober werden in allen Weinanbaugebieten Veranstaltungen abgehalten. Das Weinfest in Greve läuft während der ganzen zweiten Septemberwoche. Viele Städte feiern Karneval, wie zum Beispiel Viareggio mit einem großen Umzug am Faschingsdienstag. In fast allen Orten finden am Gründonnerstag Prozessionen statt. Der Palio in Siena wird zweimal veranstaltet: am 2. Juli und am 16. August.

Auf dieser Seite finden Sie auch einige weniger bekannte Veranstaltungen. Vergewissern Sie sich, ob die Angaben aktuell sind. Obwohl viele Veranstaltungen schon seit Hunderten von Jahren begangen werden, verschieben sich gelegentlich die Zeiten.

Arezzo, erster Sonntag im September: Giostra del Saraceno, Reiterturnier. Der größte Flohmarkt Italiens findet am ersten Wochenende jedes Monats statt.

Asciano, 5. Februar: Fest der hl. Agata. Am zweiten Sonntag jedes Monats Il Mercatino delle Crete, Wochenmarkt für Haushalts- und Wirtschaftsgerät aus Kupfer, Keramik, Eisen und Holz.

Bibbiena, Faschingsdienstag: Bello Ballo, Tänze aus dem 14. Jahrhundert.

Chiesanuova, bei San Casciano, Val di Pesa, erster Sonntag im Juni: Sagra di Pignolo (Fest der Piniennüsse).

Cortona, 14.–15. August: Sagra della Bistecca. Il Archidado, das Armbrustschießen, findet Anfang Juni statt. Nationale Antik-Möbel-Messe in den beiden ersten Septemberwochen.

Lucignano, letzte beiden Maisonntage: La Maggiolata, eine Parade aus Blumenflößen.

Massa Marittima, erster Sonntag nach dem 22. Mai: Balestro del Girifalco, Wettschießen auf einen Blechfalken.

Montalcino, letzter Sonntag im Oktober: Sagra del Tordo, gegrillte Wachteln und anderes Wildgeflügel.

Montepulciano, letzter Sonntag im August: Il Baccanale, Wettrennen der Küfner und Weinfest.

Montepulciano Stazione, erster Sonntag im September: Palio di Somari, Eselrennen mit Grillfest.

Pisa, letzter Sonntag im Juni: Gioca del Ponte, Tauziehen auf einer Brücke.

Siena, dritter Sonntag jedes Monats: Flohmarkt auf dem Gelände des alten Mercato.

ESSEN UND TRINKEN

Salamis

Antica Macelleria Falorni
Piazza G. Matteoti, 69–71
50022 Greve in Chianti (FI)
Tel.: 055 854363

Azienda Agricola Massanera
Località Chiesanuova
San Casciano Val di Pesa (FI)
Tel.: 055 8242360

Lardo

Locanda Apuana
Via Comunale, 1
Colonnata (MS)
Tel.: 0585 768017

Bäckereien

Panificio Caselli
Piazza Garibaldi, 5
Asciano (SI)
Tel.: 0577 718558

Pasticceria Banchelli
Via Nazionale, 64
Cortona (AR)
Tel.: 0575 601052

Weinlokale

Diese bieten auch kleine Speisen wie Bruschette, Pasta und Salate.

Vinodivino
Via Cesalpino, 10
Arezzo
Tel.: 0575 299 598

La Torre di Gnicche
Piaggia S. Marino, 8
Arezzo
Tel.: 0575 352035

Taverna Pane e Vino
Piazza Signorelli
Cortona (AR)
Piazza Signorelli, 27
Tel.: 0575 631010

Restaurants

Da Antonio
Via Fiorita, 38
Castelnuovo Berardenga (SI)
Tel.: 0577 355321

Poggio Rosso
Relais San Felice
San Felice, bei Castelnuovo Berardenga (SI)
Tel.: 0577 3964

Le Antiche Sere
Sogna bei Ambra (AR)
Tel.: 055 998149

La Grotta
San Biagio, 15
Montepulciano (SI)
Tel.: 0578 757607

Il Falconiere
San Martino, 43
Cortona (AR)
Tel.: 0575 612679

Locanda dell'Amorosa
L'Amorosa
Sinalunga (SI)
Tel.: 0577 679497

Trattorie

Trattoria del Sacco Fiorentino
Piazza XX Settembre, 18
Volterra (SI)
Tel.: 0588 88537

Al Travato
Piazza Umberto I, 21
Monterchi (AR)
Tel.: 0575 70111

L'Agania
Via Mazzini, 10
Arezzo (AR)
Tel.: 0575 295381

La Solita Zuppa
Via Porsenna, 21
Chiusi (SI)
Tel.: 0578 21006

Il Rifugio
Lama
Caprese Michelangelo (AR)
Tel.: 0575 793915

Fonte della Galletta
Alpe Faggeta
Caprese Michelangelo (AR)
Tel.: 0575 793925

Belvedere
Bano, 226
Monte San Savino (SI)
Tel.: 0575 849588

La Befa
Murlo (SI)
Tel.: 0577 806255

Da Ottorino
Via Sante Marie, 114
Asciano (SI)
Tel.: 0577 718770

Bruschetteria Toscana
Via di Tolletta, 14
Arezzo
Tel.: 0575 299860

Trattoria La Grotta
Piazza Baldelli, 3
Cortona (AR)
Tel.: 0575 630271

Trattoria Dardano
Via Dardano, 24
Cortona (AR)
Tel.: 0575 601944

Osteria del Teatro
Via Maffei, 5
Cortona (AR)
Tel.: 0575 630556

Latte di Luna
Via San Carlo, 2/4
Pienza (SI)
Tel.: 0578 748606

Hotels mit Charme
Il Falconiere
San Martino, 43
Cortona (AR)
Tel.: 0575 612679

La Suvera
Pievescola 53030
Siena
Tel.: 0577 960 300

Locanda dell'Amorosa
L'Amorosa
Sinalunga (SI)
Tel.: 0577 679497

Relais Borgo San Felice
Castelnuovo Berardenga (SI)
Tel.: 0577 3964

Abitare La Storia ist ein Zusammenschluss von Hotels in historischen Gebäuden. Kontakt über Fax 051–236959.

Die Reproduktion der Kunstwerke auf den folgenden Seiten erfolgt mit Erlaubnis von Scala/Art Resource, NY:
Seite 21: Detail aus *Verkündigung* von Fra Angelico, Museo Diocesano, Cortona.
Seite 47, 135: Details aus dem Zyklus *Die Gute Regierung* von Ambrogio Lorenzetti, Palazzo Pubblico, Siena.
Seite 107: Truhenbild mit einer Szene aus Alatiel von einem unbekannten Meister der Cassone-Malerei, Museo Correr, Venedig.
Seite 175: *San Lorenzo* von Bartolomeo della Gatta, Aufnahme von Nicolo Orsi Battaglini, Chiesa di Badia, Arezzo.
Seite 224: Detail aus den zehn *Szenen aus dem Leben des hl. Benedikt* von Luca Signorelli, Kloster Monte Oliveto Maggiore, Siena.
Seite 231: Detail aus der *Geburt Johannes des Täufers* von Domenico Ghirlandaio, S. Maria Novella, Florenz.
Seite 272: *Die Muse Polyhymnia,* anonymer Maler, Museo dell'Accademia Etrusca, Cortona.

VERZEICHNIS DER REZEPTE

Deutsch

Italienisch

DANK

Ich bedanke mich zu allererst bei Peter Ginsburg, meinem Literaturagenten, sowie bei Bob Krist für die Aufnahmen in diesem Buch, für sein unverwüstliches Lächeln und die vielen gemeinsamen Essen in der Toskana. Die Unterschriften und Kommentare zu den Bildern stammen von Jennifer Barry, für das Layout waren Bob und Jenny zuständig.

Mein Dank für den Literaturpreis San Marco d'Oro, den ich für eine besondere Ehre erachte, gilt der Stadtgemeinde von Cortona, insbesondere Bürgermeister Emanuele Rachini und Nicola Calderone. Zuammen mit meinem Mann Edward möchte ich mich bei allen Freunden bedanken, deren Gastfreundschaft wir genießen und in deren Familien- und Freundeskreis wir uns zu Hause fühlen durften:

Riccardo und Amy Bertocci, Donatella De Palma und Rupert Palmer, Giuseppina De Palma, Palma und Giovanni Paolelli, Vittoria und Giorgio Zappini, Giuseppe Agnolucci, die Familie Molesini, Riccardo und Silvia Baracchi, Giulio Nocentini, Antonio Giornelli, Lucio Ricci, Maria Petruccioli und Edo Perugini, Roberto Gnozzi und Veronique Albaret, Philancy Holder und Tom Pallen; Roberto Fratoni und Nunziatina Picciafuochi, Carlo Bruni, Ivan Botanici, Oreste Borghini, Gioia und Valentina Olivastri, Matteo Lodovichi, Giuseppe Moretti, Giorgio und Lina Lamentini, Isa Miretta Bennati, Don Ferruccio Lucarini, Francesca Vignarolli, und Stefania Serpi.

Ein besonderes Dankeschön gilt Lucia Fiorini vom La Torre di Gnicche in Arezzo; Paola Ghezzi und Patrizia Falomi von der Rosticceria La Migliore in Cortona; Fulvio di Rosa, Loretta Daffara und Vincenzo Interlando vom Le Antiche Sere in Sogna; Giancarlo Madon von La Grotta in Cortona; Paolo Trappolini und Ettore Falvo vom Weingut Avignonesi; und natürlich Elio Capecchi für seine Leidenschaft für *Farro*.

Bedanken möchten wir uns auch bei Ersilia Monacchini Briganti aus Cortona, der Verfasserin der Bühnenstücke »Komm und feiere mit uns« und »Bruder Sonne und Schwester Margherita«. Bilder von deren Aufführungen befinden sich auf den Seiten 110, 111, 122 und 123.

Grazie mille an Lorenzo Cherubini (Jovanotti) für Musik, Verse und Freundschaft sowie die Erlaubnis, einige Strophen aus »*Per te*« hier abzudrucken.

Falls eine Steigerung von Dankbarkeit überhaupt möglich ist, dann gebührt sie der Familie Cardinali mit Placido, Fiorella und Chiara.

Frances Mayes

Ich möchte Riccardo Bertocci für seine Unterstützung bei meinen Fototerminen in der Toskana danken. Einen versierteren Führer durch die Schönheit der Region und ihre Menschen hätte ich mir nicht wünschen können. Mein Dank gebührt David Lyman von den Maine Photographic Workshops, der mich zum ersten Mal in die Toskana geschickt hat, und Carlo Roberti von den Toscana Photographic Workshops, der mich immer wieder zurückholt, sowie Gianni Mariotti, einem mit Leib und Seele echten Toskaner.

Bob Krist